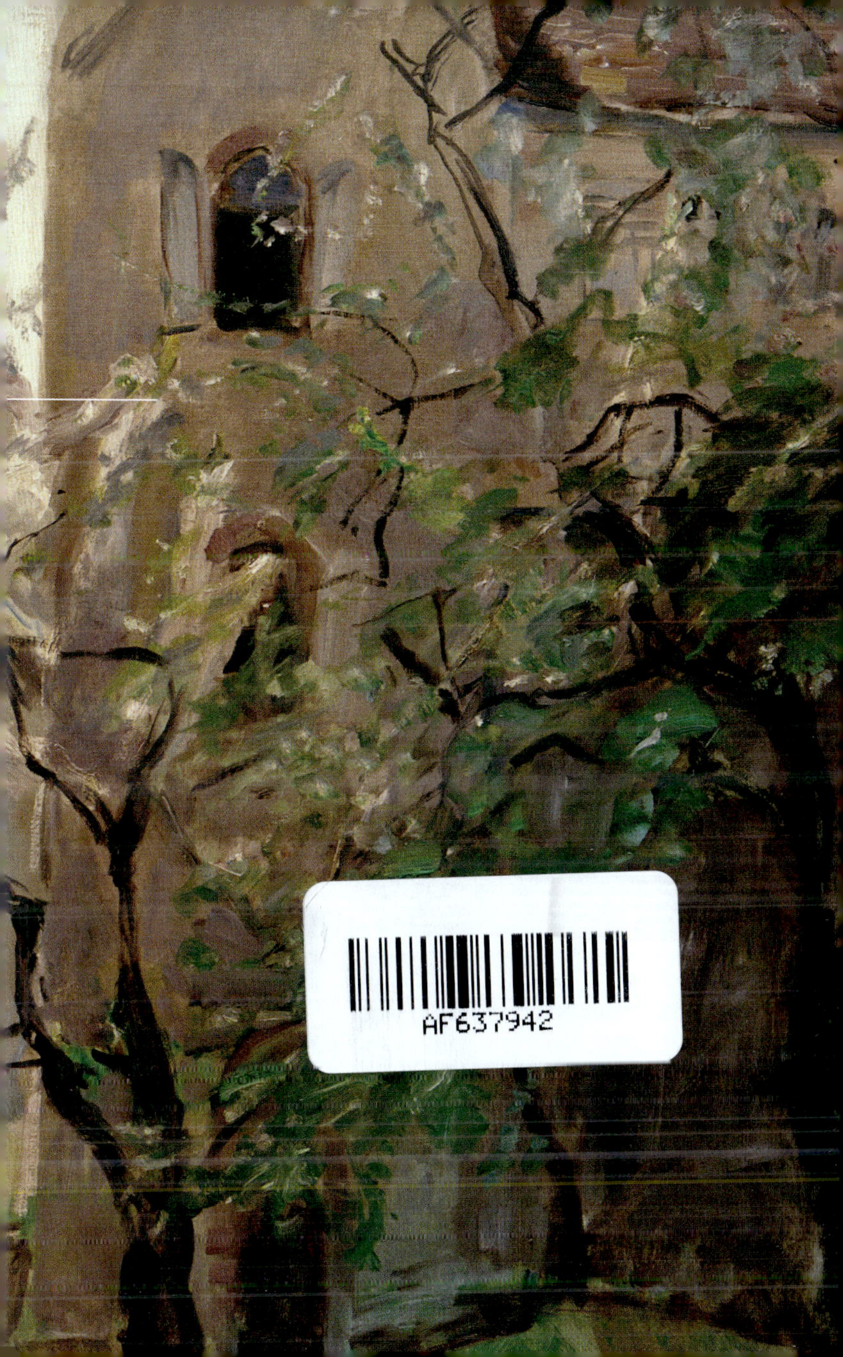

AF637942

WIENAND^S KLEINE REIHE
DER KÜNSTLERBIOGRAFIEN

WEITERE TITEL:

ALEXEJ JAWLENSKY
ERNST LUDWIG KIRCHNER
GUSTAV KLIMT
KÄTHE KOLLWITZ
WILHELM LEHMBRUCK
MAX LIEBERMANN
AUGUST MACKE
PAULA MODERSOHN-BECKER
GABRIELE MÜNTER
EGON SCHIELE

Nicole Hartje-Grave

MAX SLEVOGT

Wienand

Inhalt

Max Slevogt – Der Vielseitige | 5

Die Münchener Jahre und der Ruf nach Berlin | 12

Intermezzo im Frankfurter Zoo | 20

Berliner Erfolgsjahre | 28

Wahlheimat Pfalz und Slevogts Landschaftsimpressionismus | 37

Slevogt in Hamburg – Ein Porträtauftrag und erste Seebilder | 48

Sommerfrische, erste Wandbilder und ein Stück Berliner Kulturgeschichte | 53

Ein Traum geht in Erfüllung – Die Reise nach Ägypten | 60

Slevogt im Ersten Weltkrieg | 66

Rückzug in die Pfalz – Isolation und Trauer | 74

Späte Ehrung 1928 und das Ende in Neukastel | 82

EXKURSE

Der deutsche Impressionismus | 26

Slevogt und die Pfalz | 46

Der Freund und Verleger Bruno Cassirer | 72

Mit Fantasie und Schöpferlaune – Slevogts grafisches Schaffen | 80

Glossar 92 | Literatur 94 | Impressum 96 |

Da fuhr das Auto vor: Slevogt stieg aus, klein aber gewichtig. Während die Pinsel, Eimer und Farben [...] an Ort und Stelle befördert wurden, wandelte ich mit dem illustren Gast, froh ihn nun wirklich dazuhaben, ein wenig auf und ab. Der Meister war liebenswürdig, aber sehr zurückhaltend. Sein Gehaben war von betonter Korrektheit der Formen, seine Redeweise von ziseliert scharfer Prägung [...], sein Blick irgendwie gefährlich.

Der Slevogt-Freund und Sammler Johannes Guthmann über die erste Begegnung 1911 mit Max Slevogt, 1948

Max Slevogt – Der Vielseitige

Max Slevogt gehört mit Max Liebermann und Lovis Corinth zu den drei großen Künstlern des deutschen Impressionismus. Doch verglichen mit seinen Zeitgenossen ist er heute eher unbekannt, und das, obwohl er mit großformatigen Porträts in Berlin zu Ruhm und Ehren gelangt ist, in der Pfalz eine stimmungsvolle und künstlerisch weit fortgeschrittene Landschaftsmalerei entwickelt und überdies noch die Klassiker der Weltliteratur illustriert hat. Im Erscheinungsjahr dieser Publikation jährt sich Slevogts Geburtstag zum 150sten Mal – ein willkommener Anlass, um sein breites und herausragendes Werk genauer zu betrachten.

Slevogt muss lange auf eine offizielle Anerkennung warten. In den frühen Schaffensjahren in München gilt der aufstrebende Maler, hier in einem Selbstporträt mit zwei Modellen, als „der Schreckliche“. Zu plump, zu abstoßend erscheinen dort seine Werke.

Selbstbildnis mit Pinsel und Palette, 1895, Öl auf Leinwand, 50 × 65 cm

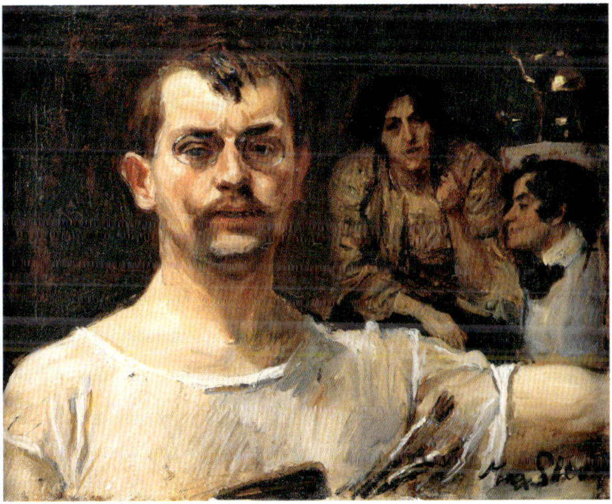

Den Beinamen führt er, seit Gemälde wie *Ringerschule* (S. 16) und *Totentanz* Mitte der 1890er-Jahre auf Unverständnis stoßen. Doch während die Münchener Künstlerkollegen Slevogts *Danaë* (S. 17) im Jahr 1899 „zur Vermeidung peinlicher Conflikte" aus einer Gemeinschaftsschau verweisen, macht ihn das Triptychon *Der verlorene Sohn* (S. 19) unter den Berliner Secessionisten auf einen Schlag bekannt. Ein paar Monate später breitet die preußische Hauptstadt ihre Arme aus und lädt Slevogt ausdrücklich nach Berlin ein. Ausgestattet mit einem Exklusivvertrag der Kunsthändler und Vettern Bruno und Paul Cassirer, wagt der Dreiunddreißigjährige mit seiner Frau 1901 den Umzug – zu Recht, denn die junge Metropole avanciert gerade zur Kunststadt. In der Berliner Secession geben Liebermann, Corinth und Walter Leistikow den Ton an und stehen in freundschaftlicher Verbindung zu Paul Cassirer, der Édouard Manet, Paul Cézanne, Vincent van Gogh und Edvard Munch ausstellt. So entdeckt die junge Generation Berliner Maler den unmittelbaren und gelösten Zugriff auf die moderne Kunst. Auch wenn Slevogt offen dem bewunderten Manet nacheifert, entwickelt er in Preußen eine eigene Spielart des französischen Impressionismus, die an bestimmte Motive und Malweisen der Franzosen anknüpft, sich aber nicht als gefälligen Stil-Import versteht. In Berlin wird in leuchtenden Farben gemalt, rasch und virtuos – für den Bonvivant Slevogt gilt bald das Zeitmaß der „Zigarrenlänge".

Mit seiner aufgehellten, durchglühten Farbpalette wirkt Slevogt freier als der zuweilen etwas steife Liebermann, heiterer als der radikaler ins Abstrakte vorstoßende Corinth. Berühmt wird Slevogt aber mit anderen Themen: Er wird ein gefragter Porträtist, entwickelt die Gattung des Künstler-Rollenporträts und gilt als Maler des mondänen Lebens mit einem Hang zur Bühne. Dem liebenswürdigen, geselligen Slevogt liegt das Leben inmitten der gehobenen Berliner Bohème. Er bekommt schnell Zugang zu den entscheidenden Sammlern und Wegbereitern der Moderne. Er verdient gut und kann technisch praktisch alles – und dann sitzt er noch oft genug im **Romanischen Café***, um eine öffentliche Figur zu werden. Ehrungen und Auszeichnungen bleiben nicht aus. Am Ende seines Lebens sieht er sich in einem Selbstporträt gar als einen Löwen, als König der Tiere, mit Haarmähne und Bart, die in eine Art Leopardenmantel übergehen.

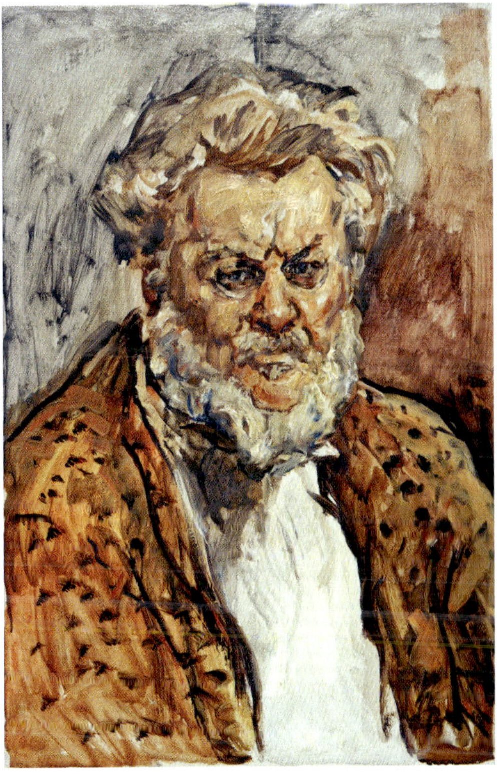

Selbstbildnis, um 1930/31, Öl auf Leinwand, 82 × 54 cm

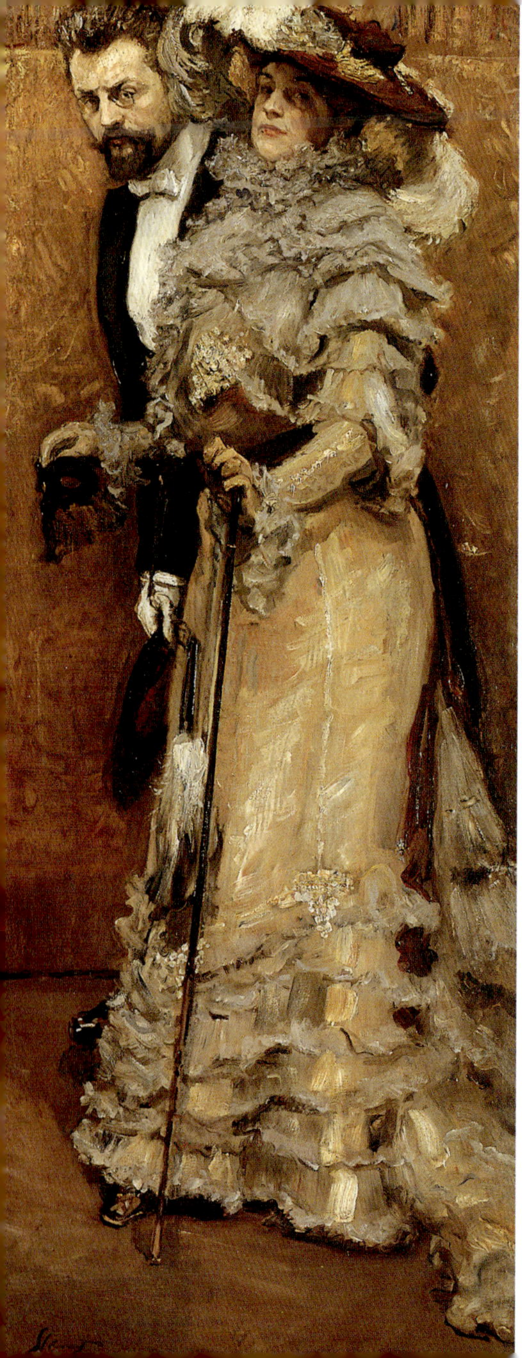

Bal Paré – Selbstbildnis mit Gattin, 1904, Öl auf Leinwand, 180,6 × 70,5 cm

Wie selbstverständlich Slevogt sich schon bald auf der Berliner Bühne bewegt, dokumentiert das hochformatige, in Gold und Silber funkelnde Doppelbildnis *Bel Paré – Selbstbildnis mit Gattin* von 1904. Gleich einem Situationsporträt gibt Slevogt sich hier mit seiner Frau Antonie, geborene Finkler, mit der er seit März 1898 verheiratet ist, in eleganter Robe auf dem Weg zu einem Ball. Während Nini ein golden schimmerndes Kleid mit vielen Volants und großem Federhut trägt, erscheint Slevogt elegant mit Frack und Fliege. Das gesellschaftliche Ereignis, vielleicht der jährliche Ball der Berliner Secession, ist nur durch die Ausstattung des Paares und ihr selbstbewusstes Auftreten gegenwärtig. Die Maske in der Hand von Nini Slevogt nimmt dem Auftritt seinen Ernst und ist weitaus mehr als ein ereignisbezogenes Requisit. Ein frisches und selbstbewusstes Ehebildnis, das von Aufbruchstimmung und Tatkraft zeugt.

Doch es gibt bei Slevogt seit jeher auch die „Nachtgesichte" und das Bedürfnis nach Ruhe, Entspannung und Auftanken in der Natur. Seinen Rückzugsort findet Slevogt in der Pfalz, der Heimat seiner Frau Antonie, wo deren Vater Peter Finkler, ein wohlhabender Tabakfabrikant, eine Villa in Godramstein besitzt. Dort hält sich Slevogt regelmäßig auf, später zieht er auf das Hofgut Neukastel, nahe Leinsweiler.

In der Pfalz entwickelt er eine unkonventionelle, atmosphärisch verdichtete Landschaftsmalerei, die offensichtlich wesentliche Impulse durch den französischen Impressionismus empfängt. Das Bodenständige neben dem Musischen – in Neukastel geht es bei Slevogt eine Symbiose ein. Hier vereinen sich Elemente einer Malerfürsten-Residenz mit rustika-

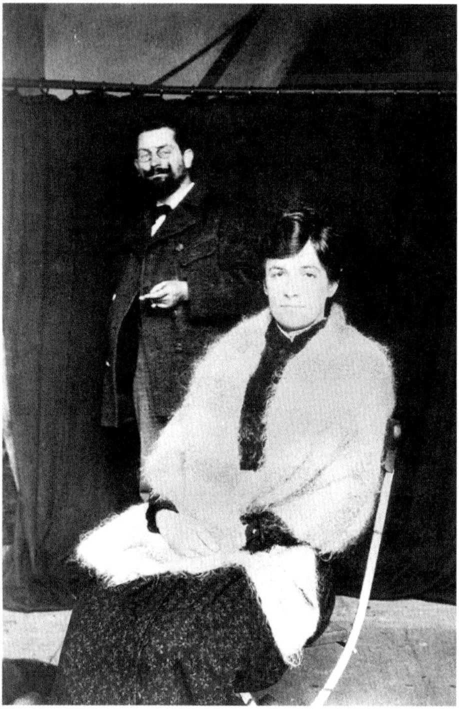

Max und Nini Slevogt im Jahr ihrer Hochzeit, 1898

ler Naturbelassenheit, dann aber auch wieder mit dem Kreativraum kultureller Anregungen, die Slevogt vor allem in der Musik findet. Die Bibliothek und das Musikzimmer (S. 85) atmen einen Übermut, eine beschwingte Ungezwungenheit aus, die meilenweit entfernt ist von dem behäbigen Lebensumfeld, das etwa Liebermann sich am Wannsee eingerichtet hat.

Das Jahr 1914 markiert einen tiefen Einschnitt in Slevogts Leben. Im Februar reist er mit Freunden für knapp zwei Monate nach Ägypten. Die fremdartige Kultur, die intensiven Farben und das gleißende Licht inspirieren ihn zu einer unvergleichlichen Serie von Landschaftsbildern. Wenige Monate später bricht der Erste Weltkrieg aus. Im Oktober begibt Slevogt sich freiwillig an die Westfront – mit dem festen Willen, als Kriegsmaler der deutschen Sache an der Staffelei zu dienen. Doch nur allzu bald verfliegen alle patriotischen Vorstellungen; einen „Hohn auf alles Große“ vermag der Desillusionierte an-

> Der Ruhm Slevogts als Maler ist dem Älteren [Liebermann] nie genehm gewesen. Die Begabung ließ sich aber nicht bestreiten. Er wollte auch nicht ungerecht sein und das Gute etwa mißerkennen. Ja, er gefiel sich darin, die Widersprüche […] in dem Wort zusammenzufassen: „Wenn wir beede Eener wären, wären wir der jrößte Kerl der janzen deutschen Malerei".

Johannes Guthmann über Max Liebermanns Verhältnis zu Max Slevogt, 1948

gesichts des Massensterbens nur noch zu erblicken und kehrt an Allerseelen 1914 erschüttert nach Hause zurück.

Nach dem Krieg stellen sich für Slevogt in Berlin Ehrungen und Auszeichnungen ein: 1917 beruft ihn die Preußische Akademie der Künste zum Leiter des Meisterateliers, und zum 50. und 60. Geburtstag, 1918 und 1928, richten ihm die Nationalgalerie und die Kunstakademie große Ausstellungen aus. Trotz dieser Erfolge zieht sich Slevogt seit den Schrecken des Ersten Weltkriegs mehr und mehr auf sein Landgut in Neukastel, den Slevogthof, zurück. Hier findet er seinen späten Lebensmittelpunkt. Es entsteht eine stark abstrahierte Landschaftsmalerei, eine private Stilllebenkunst – und allem voran ein reiches druckgrafisches Schaffen mit den Illustrationen der *Zauberflöte*, des *Faust* und – am Ende seines Lebens – der Passionsgeschichte.

Die Münchener Jahre und der Ruf nach Berlin

> Als malerische Aufgabe stand mir vor, das Hässliche durch die Malerei kostbar zu machen.
>
> Max Slevogt in einem Brief an Johannes Guthmann, 1920

Am 8. Oktober 1868 wird Franz Theodor Max Slevogt im bayerischen Landshut als zweiter Sohn des Hauptmanns Friedrich Ritter von Slevogt und seiner Frau Carolina geboren. Schon kurz nach seiner Geburt trennen sich die Eltern. Nach dem Tod des Vaters 1870 zieht Carolina Slevogt mit ihrem Zweitgeborenen Max vorübergehend nach Bielefeld, anschließend in das saarländische Brebach, und lässt sich schließlich in Würzburg nieder. Im Unterschied zu Slevogts Vater ist sie den Künsten gegenüber aufgeschlossen und ermöglicht ihrem Sohn privaten Zeichen- und Klavierunterricht.

UNGELIEBTES STUDIUM AN DER MÜNCHENER AKADEMIE UND DIE LENBACH-DOKTRIN

Schon einen Monat nach Slevogts Schulabschluss 1884 ziehen er und seine Mutter nach München. Als Sechzehnjähriger tritt er in die **Akademie der Bildenden Künste*** ein und studiert im ersten Semester in der Antikenklasse bei Gabriel Ritter von Hackl und Karl Raupp. Zahlreiche Skizzen und Studienblätter nach Gipsmodellen offenbaren eine konservative Ausbildung. 1886 wechselt er in die Naturklasse von Caspar Herterich; 1888 darf er schließlich die Malklasse von Wilhelm von Diez besuchen, dem fortschrittlichsten der dortigen Professoren. Dieser führt Slevogt an den freieren Malstil von Wilhelm Leibl heran. Einen entscheidenden Einfluss übt auch der 17 Jahre ältere Wilhelm Trübner auf Slevogt aus, als Maler und als Mentor, experimentiert er doch mit helleren Farben und Freilichtstudien und besitzt eine beachtliche Sammlung zeitgenössischer Malerei, die für Slevogt nicht ohne Wirkung bleibt. Eine ebenso bedeutsame Bekanntschaft ist die mit dem Würzburger Maler Robert Breyer, mit dem er 1890 eine mehrmonatige Italienreise nach Verona, Venedig, Rom und Capri unternimmt. Vor allem auf Capri entstehen erste kleinformatige Freilichtstudien. Nach seiner Rückkehr im Juni nimmt Slevogt das wenig geschätzte Studium an der Akademie nicht wieder auf und lässt sich stattdessen als freischaffender Maler in München nieder.

Er fiel seinen Mitschülern damals durch die auf dunklem Grunde eine sehr glanzvolle Wirkung erstrebende Art seines Kolorits auf, die sie als vornehm bezeichneten. Johannes Guthmann, 1948

„Wir können kein Licht auf die Leinwand spritzen!", 1897, Feder und Tusche auf Papier, 179 × 270 mm

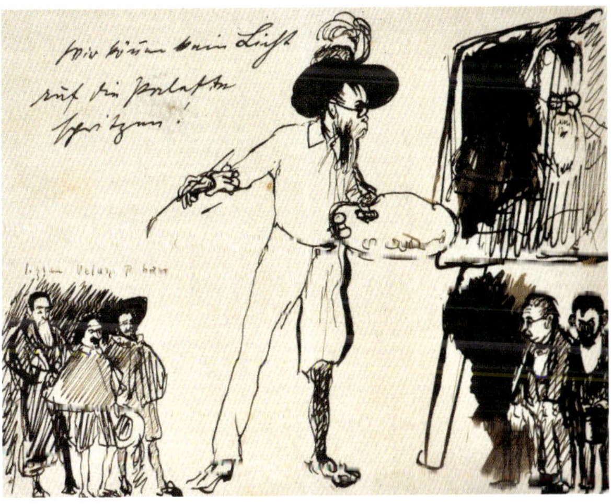

Zwischen dem Schulbetrieb in München und dem in Paris klaffte ein gewaltiger Unterschied; dort lässiges, gemütliches Arbeiten, das von allerlei Dummheiten unterbrochen wurde; [...] in der Julianschule zu Paris wurde dagegen fleißig, lautlos u. anstrengend gearbeitet und Allotria nicht geduldet.

Johannes Guthmann, 1948

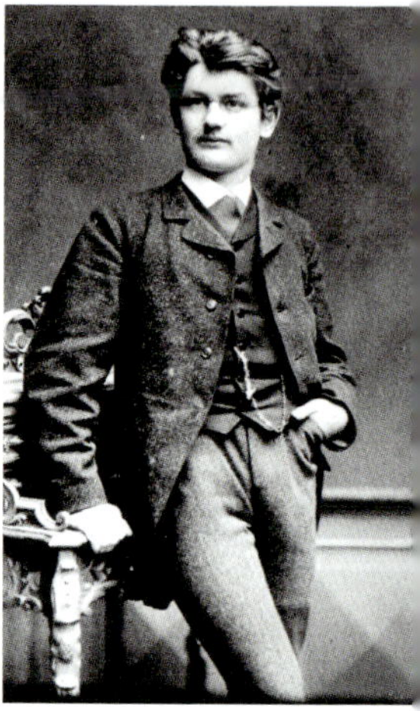

Max Slevogt, um 1889

Als junger Naturalist strebt Slevogt nach einer geradezu aufrührerischen Klarheit, einem dramatisierenden Realismus in seinen Werken und opponiert gegen die offizielle triviale Historienmalerei: Er lehnt die erotisch-schwülen Fantasien eines Franz von Stuck ab und wehrt sich gegen den mächtigen Franz Lenbach und dessen spöttische Bemerkung zum Impressionismus „Wir können kein Licht auf die Leinwand spritzen!“ mit einer bissigen Karikatur. Sie zeigt Lenbach mit Rubenshut und Rüschenhemd und verweist auf die Heroen der Barockmalerei, Tizian, Velázquez und Rubens, während sich unter der mächtigen Leinwand zwei kleine Gestalten ducken, Max Slevogt und sein Freund und Fürsprecher Karl Voll. Trotz aller Auflehnung ist Slevogt der offiziellen Kunstpolitik völlig ausgeliefert. Er ist mittlerweile dreißig Jahre alt und verdient sich einen nur bescheidenen Lebensunterhalt mit Zeichnungen für die Zeitschriften *Simplizissimus* und *Jugend*. Eine umso willkommenere Abwechslung ist daher sein Semesteraufenthalt im April 1889 an der Académie Julian in Paris. Dort arbeitet er vor allem an seinem Zeichenstil. Ob er schon damals die Impressionisten wahrgenommen hat, ist nicht bekannt; augenscheinlich zeigen seine damaligen Werke noch keinen Einfluss.

NEUE BILDTHEMEN UND EIN SKANDAL IN MÜNCHEN

In dieser Zeit kristallisieren sich bei Slevogt drei Bildthemen heraus, die aber kaum dazu beitragen können, ihm in München zu Ansehen und Erfolg zu verhelfen. Abgesehen von kleinen Landschaftsstudien seiner pfälzischen Wahlheimat und privaten Bildnissen seiner Frau und deren Familie, entstehen eine Reihe großformatiger Kompositionen mit religiösen oder mythologischen Themen, darunter *Ecce Homo* (1894), *Frau Aventiure* (1894) und *Tanz der Salome* (1895) – allesamt Werke ohne äußerliche Eleganz und Bravour. Diese und andere dunkeltonige Bilder tragen ihm Mitte der 1890er-Jahre den Schimpfnamen „der Schreckliche" ein. Slevogt ist aber nicht daran gelegen, seinen Kritikern zu gefallen – im Gegenteil, mit einem seiner folgenden Bilder wird er seinen Ruf nur noch festigen: 1895 vollendet er die *Ringerschule,* die er noch im selben Jahr in der frisch gegründeten Münchener Secession zeigen darf. Die Wucht der Erscheinung der vier fast gänzlich nackten Männer, ohne eine mythologische Zuordnung einfach als Wettkampfsportler darge-

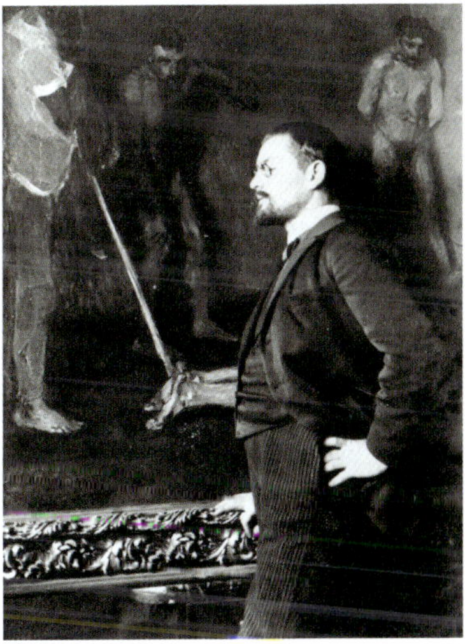

Max Slevogt in seinem Atelier in München vor dem Bild *Ringerschule,* um 1893

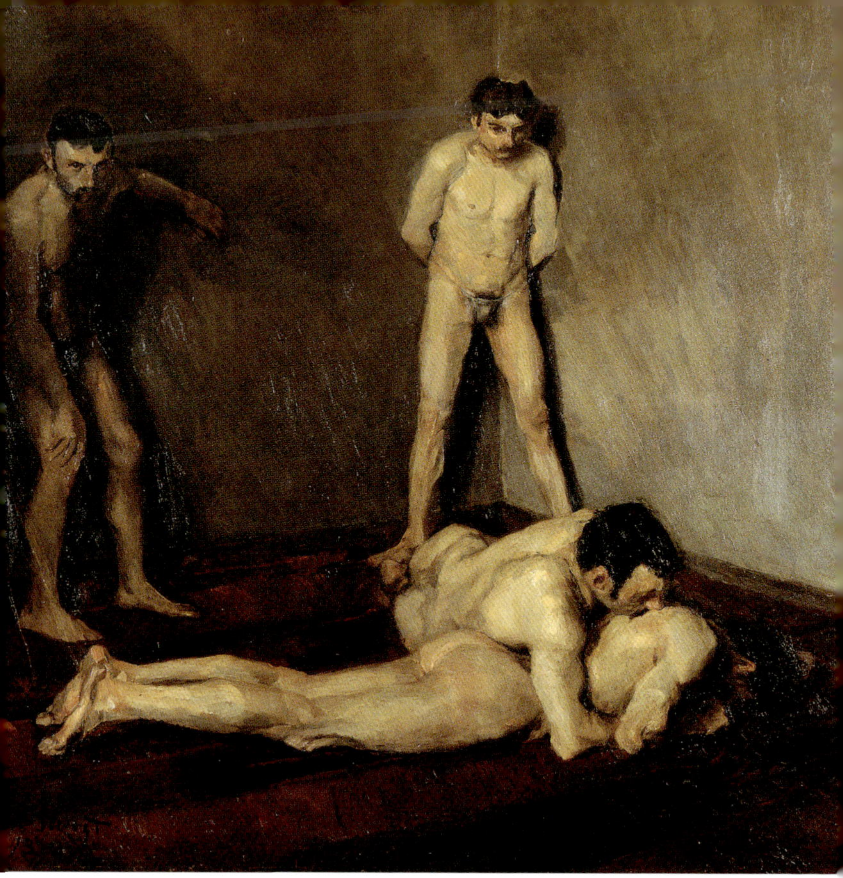

Ringerschule, 1893, Öl auf Leinwand, 137 × 140 cm

Die Darstellung dieser halblebensgroßen, nackten Männer in ihrer schweren Sachlichkeit, [...] war für die Augen jener Generation von so aufreizender Neuheit, dass die Jury das Bild ursprünglich als unsittlich hatte ablehnen wollen. Sigrun Paas, 2014

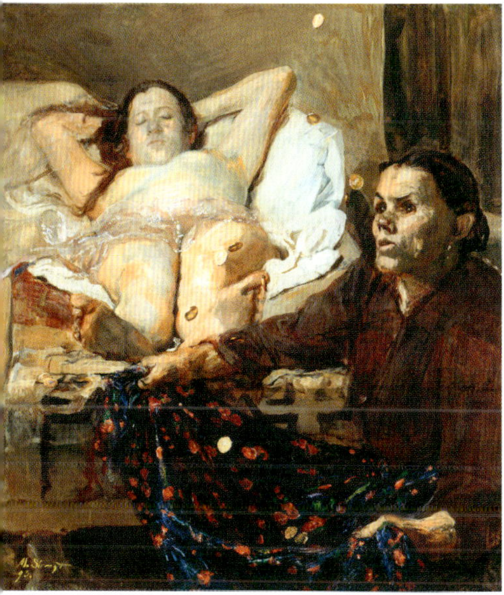

Danaë, 1895, Öl auf Leinwand, 92,5 × 81,5 cm

stellt, ist für das Münchener Publikum zu viel des Realismus. Slevogts Malerei gilt nun erst recht als „brutal".

Diese Kritik ist aber noch harmlos gegenüber dem Skandal, den Slevogt im selben Jahr mit seiner *Danaë* auslöst. Er hat das Bild schon 1897 und 1898 in Wien und Graz gezeigt und lässt sich trotz der Warnung seines Freundes Karl Voll nicht davon abhalten, es auch 1899 auf der Münchener Secessionsausstellung zu präsentieren. Das konservative Publikum ist entsetzt – wie kann er mit der Wahl eines so hässlichen Modells nur das ehrwürdige mythologische Thema derart diffamieren! Slevogt zeigt eine auf dem Bett ausgestreckte, fast nackte Frau in perspektivischer Verkürzung von den Füßen her; an der Seite dieser mutmaßlichen Prostituierten fängt eine alte Kupplerin herabfallende Goldstücke mit gierigen Blicken auf. Karl Voll versucht zwar das Werk zu verteidigen und bestreitet jegliche erotische oder satirische Absicht; Slevogt äußert später aber offen, „als malerische Aufgabe" hätte er sich vorgenommen, „das Hässliche durch die Malerei kostbar zu machen". Noch am Abend der Eröffnung muss er seine *Danaë* aus der Ausstellung entfernen.

DAS TRIPTYCHON *DER VERLORENE SOHN* UND EIN VERLOCKENDES ANGEBOT AUS BERLIN

Zur selben Zeit malt Slevogt das Gleichnis vom verlorenen Sohn (LK 15, 11–32). Während der linke Seitenflügel des Triptychons die Ausschweifungen des Sohnes in kräftiger Farbigkeit zeigt, präsentiert der rechte ihn einsam im Schweinestall, im Elend sitzend. Die Mitteltafel schildert die Rückkehr des reuigen Mannes. Farblich und erzählerisch orientiert sich Slevogt am Niederländer Rembrandt, dessen Bilder er 1898 in Amsterdam gesehen hat. Wie sein Vorbild es in vielen Historienbildern vorgemacht hat, greift auch Slevogt das Spannungsmoment vor dem Willkommen des Vaters auf – noch ist ungewiss, ob der Vater dem Sohn verzeihen und ihn wieder bei sich aufnehmen wird.

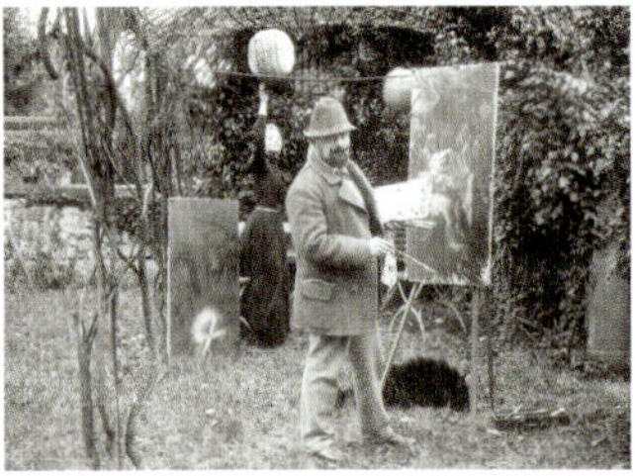

Max Slevogt im Garten von Neukastel bei der Arbeit am Triptychon *Der verlorene Sohn*, um 1898

Während Slevogt in München seit 1895 wachsendem Unverständnis begegnet und immer häufiger zum Malen in die Pfalz flieht, gibt es seit Ende der 1890er-Jahre Anzeichen dafür, dass er in Berlin kein Unbekannter mehr ist und man sich um ihn bemüht. Dennoch unerwartet erhält er vom Vorstand der Berliner Secession 1899 das Angebot, sein Triptychon *Der verlorene Sohn* auf der nächsten Ausstellung der Künstlervereinigung zu zeigen. In dem gegenüber München weitaus aufgeschlosseneren Berlin wird das Bild zum bewunderten Mittelpunkt der Ausstellung. Zum ersten Mal sieht Slevogt sich in seiner künstlerischen Entwicklung bestätigt, denn nicht nur die Secession zollt seinem Schaffen Aufmerksamkeit, auch vonseiten der Vettern Paul und Bruno Cassirer wird der Versuch unternom-

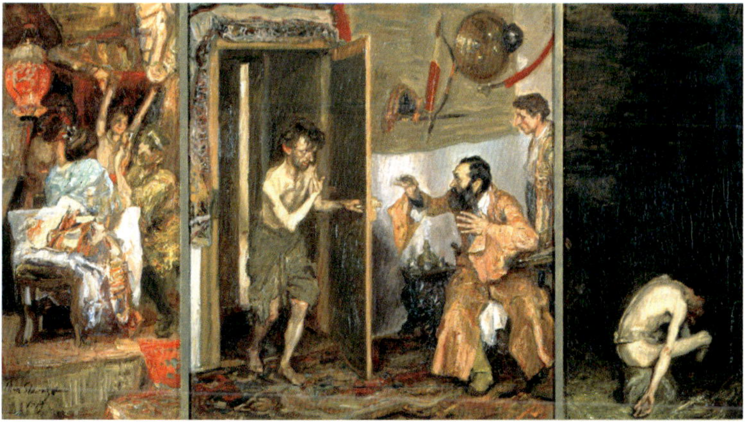

Der verlorene Sohn, 1898/99, Öl auf Leinwand, Triptychon, 110,5 × 98 cm, Flügel je 110,5 × 50 cm

men, ihn enger an Berlin zu binden: „Haben Sie noch die Absicht“, schreibt Bruno Cassirer 1900, „vor ihren Sommerferien nach Berlin zu kommen? Und wann wäre das? Ihr Concurrent Corinth, der ‚Wilde‘, der ‚Stiernackige‘, versucht den Erfolg Ihres ‚Verlorenen Sohnes‘ vom Vorjahre zu überbieten mit einem Bild, das ihren ‚Verlorenen Sohn‘ übertrifft – an Grösse. Wenn Sie nicht bald kommen, hat er alle reichen Leute abgemalt und für Sie bleibt nichts übrig.“ Schon im Jahr zuvor schließt Paul Cassirer mit Slevogt einen Exklusivvertrag ab, in dem er dem Maler garantiert, ihm für 4.000 Mark Bilder abzunehmen, vorausgesetzt, dieser verkauft ausschließlich über seine Galerie. Ausgenommen sind allerdings die Porträts.

Im Herbst des Jahres 1899 geht es dann alles sehr schnell. Noch im Oktober zeigen Bruno und Paul Cassirer in ihrem Salon eine Kollektivausstellung mit allein 35 Werken von Slevogt, darunter die *Danaë*, die *Scheherezade* und die *Ringerschule* und dies zusammen mit Werken von Manet und Edgar Degas. Was für ein Erfolg nach den Anfeindungen in München!

Intermezzo im Frankfurter Zoo

Als sich Anfang 1901 abzeichnet, dass Slevogt München verlassen und nach Berlin übersiedeln wird, versucht der bayerische Prinzregent Luitpold, ein langjähriger Bekannter seines Vaters, ihn in München zu halten und beruft ihn als Professor an die Akademie der Künste. Diese frühe Ehrung kann Slevogt aber nicht mehr davon abhalten, dem Werben der Berliner Secessionisten nachzugeben und seine Aktivitäten in die Reichshauptstadt zu verlagern. Möglicherweise aus taktischen Erwägungen heraus – um die Verleihung des Professorentitels auf neutralem Boden abzuwarten – legt er vor dem Umzug einen längeren Aufenthalt in Frankfurt ein. Dort malt er einige Ansichten der am Main gelegenen Stadtsilhouette, aber vor allem hält er sich im Frankfurter Zoo auf, um die Tiere, hier besonders die Raubkatzen, zu studieren.

> Am Samstag Nachmittag stürzte ich mich noch auf meine Beute und malte gleich zweimal den Leopard, einer davon ungültig, also fing ich nochmals mit den Linien an.
>
> Max Slevogt in einem Brief an seine Frau, 1901

Während seines Aufenthaltes in Frankfurt malt Slevogt in schneller Folge insgesamt 29 Ölbilder, Aquarelle und Zeichnungen, mit denen er in erster Linie die Käfige der Raubkatzen, aber auch den Orang-Utan mit Namen „Seemann" und die Papageienallee in den Blick nimmt. Ermöglicht werden ihm diese Studien durch den Direktor des Zoos, Dr. Viktor Goering, den Bruder seines langjährigen Freundes Theodor Goering, der als Musikdirektor und Kritiker in München tätig ist und eine Zeit lang über ihm wohnte. Slevogt entwickelt bei seinen Studien eine höchst eigene Sichtweise, denn häufig genug nimmt er die Perspektive der Tiere ein, indem er wie sie aus den Gehegen hinaus auf die Besucher blickt. Eine Vorstellung von seiner Arbeitsweise vermittelt ein am 24. März 1901 datierter Brief an seine Frau: „Inzwischen habe ich auch vielzählige Visiten bei sämtlichen Viechern gemacht, ohne mich entschließen zu können, womit anfangen. Separierte Räume gibt es speciell im Raubtierhaus kaum, ich muß mich wohl an öffentliches Auftreten gewöhnen, – obwohl mir alles zu Gefallen getan wird, was eben geht."

DIE ZÄHMUNG DER RAUBTIERE

Slevogt nimmt bei seinen Studien der Panther, Leoparden und Löwen eine ungewöhnliche Perspektive ein, indem er häufig den Blick der Tiere auf den Betrachter erfasst. Bei Bildern wie *Zwei Leoparden im Käfig* überspannen Gitterstäbe die gesamte Bildfläche in dicht gesetzten, senkrechten Strichen. Das enge Liniengerüst und der kleine Bildausschnitt sind neue Bildmittel, mit denen Slevogt das Gefangensein der Tiere in viel zu kleinen Käfigen suggeriert – allerdings ohne explizit anzuklagen –, während sich noch Tiermaler der

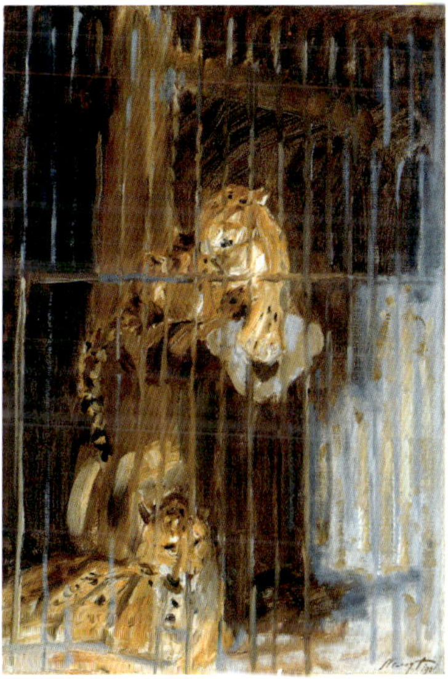

Zwei Leoparden im Käfig, 1901, Öl auf Leinwand, auf Pappe aufgezogen, 49 × 34 cm

> Um 5 Uhr regten sich die Lebensgeister wieder und so versuchte ich noch den kleinen Schlingel [?], den Leopard in grau fertig zu machen, und noch einige Briefe an die meinen, was auch trotz vieler Ereignisse so ziemlich gelang.

Max Slevogt in einem Brief an seine Frau, 1901

Zeit wie Adolph Menzel, Paul Friedrich Meyerheim und August Gaul, die nur wenig früher Studien im Berliner Zoo anstellen, vornehmlich für Haltung und Bewegung der Tiere interessieren.

Bei Slevogts Frankfurter Tierbildern werden erste Einflüsse des Impressionismus deutlich – und dies noch vor der unmittelbaren Auseinandersetzung mit dem von ihm so verehrten Manet. Die Konturen der Tiere und Gegenstände sind weitgehend aufgelöst, und mit nur wenigen dunklen oder hellen Farbflecken deutet Slevogt ihr Fell und ihre Physiognomie an. Allein die Farbe und die Wirkung des Lichts bestimmen ihr Erscheinungsbild. Abgesehen von der beginnenden Auflösung der Form gilt Slevogts Interesse der Individualität der Tiere. Anhand ihrer genau studierten Bewegungen und ihrer Physiognomien kommt er ihrem Charakter auf die Spur und zeigt etwa einen Leoparden in seiner ganzen Anmut und seinem Stolz.

Neben den Raubkatzen gilt Slevogts Interesse dem *Orang-Utan „Seemann“*, einem aus Dehli stammenden Tier, das erst kürzlich dem Zoo geschenkt worden war. In den zwei bekannten Studien ist er jeweils mit seinem Pfleger Burckhard wiedergegeben, der nur grob angedeutet ist, während der Affe ganz im Fokus steht mit seiner Physiognomie und den Schattierungen seines Fells. Fast scheint Slevogt ihm porträtähnliche Züge verleihen

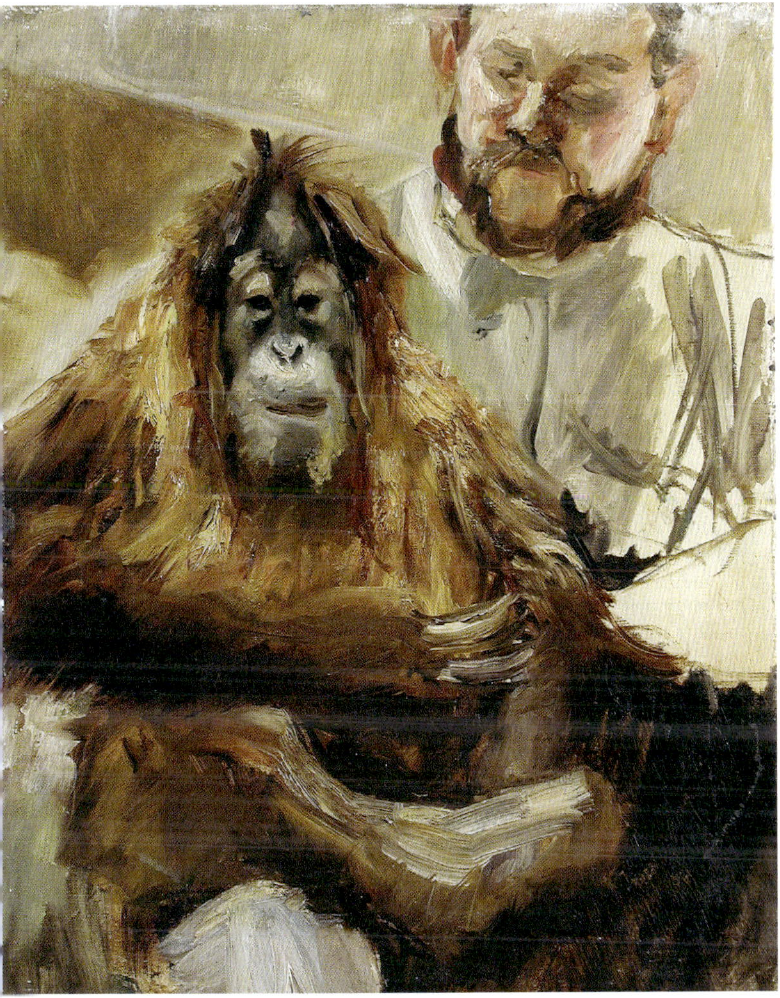

Der Orang-Utan „Seemann" und sein Wärter, 1901, Öl auf Leinwand, 57 × 45,5 cm

und Seemann ein Gesicht geben zu wollen. Slevogts Malweise ist hier so befreit wie in keinem Münchener Gemälde zuvor: Er malt skizzierend mit kürzeren oder längeren Pinselzügen, die sich erst in der Entfernung zum Motiv zusammenfugen.

DER PAPAGEIENMANN UND DIE AUFLÖSUNG DER FORM

Den Höhepunkt der Bilderserie aus dem Frankfurter Zoo bildet die dreiteilige Serie *Papageienmann*. Ähnlich wie der Impressionist Claude Monet malt Slevogt in Serie, drei Fassungen mit minimalen Variationen, aber einer zusehends freien und dynamischen Bildsprache. Die dritte Fassung im Landesmuseum Hannover ist in ihrer kontrastreichen Farbigkeit einzigartig. Ein roter Ara mit gelben und blauen Federn sitzt auf der linken Schulter eines Wärters, auf seinem rechten Unterarm ruht ein grüner Papagei und auf mitgeführten Stangen balancieren zwei weitere farbenprächtige Exemplare. Wie ein leuchtender Rahmen umfangen sie den jungen Wärter. Durch bewusst eingesetzte Komplementärkontraste, wie Blau-Orange und Rot-Grün, steigert Slevogt die Leuchtkraft der Farben. Sukzessive hat er sich im Laufe der Serie von der Lokalfarbe des Motivs gelöst: Hier gibt die Farbe nicht mehr den Gegenstand wirklichkeitsgetreu wieder, sondern vielmehr seine flackernde Erscheinung im Licht. Noch ein Jahr vor Liebermann, der 1902 im Zoologischen Garten von Amsterdam anhand eines Papageienmannes Licht- und Farbstudien betreibt, findet Slevogt in dem Wärter ein Motiv, bei dem er die Farben aufs Äußerste steigern und gleichzeitig den Pinsel immer flüchtiger und spontaner einsetzen kann. Wie nie zuvor setzt er souverän kurze und längere Pinselzüge ein und dynamisiert so sämtliche Bildelemente. Noch vor der Ankunft in Berlin hat sich Slevogt in Frankfurt von aller literarisch-mythologischer Thematik gelöst und findet zu einer neuen Freiheit in der Behandlung von Motiven.

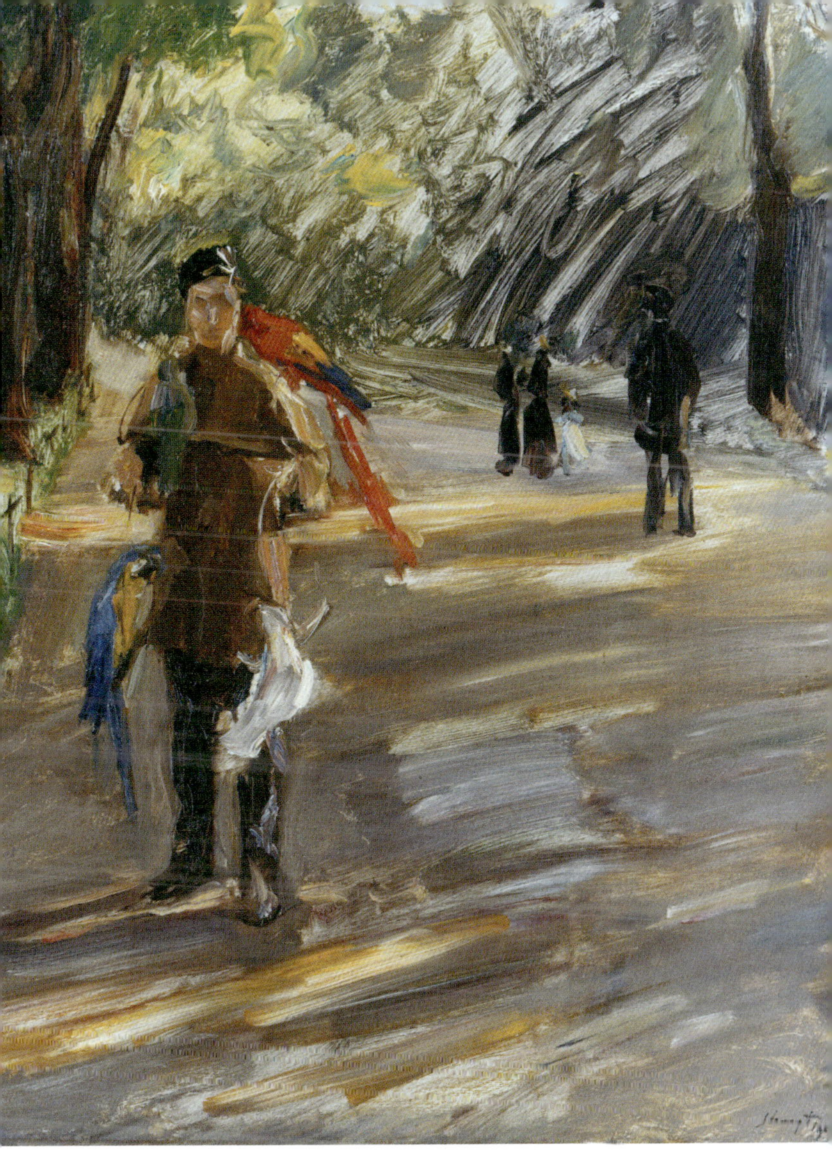

Papageienmann, 1901, Öl auf Leinwand, 81,5 × 65,3 cm

Der deutsche Impressionismus

Die künstlerische Revolution beginnt in Paris, als Claude Monet 1874 ein leicht verschwommenes Landschaftsbild ausstellt. Dessen Titel *L'Impression, soleil levant* gibt einer ganzen Kunstrichtung ihren Namen: Impressionismus – für die Kritiker nur ein Schimpfwort, aber für die Maler ein künstlerischer Aufbruch, ein Programm. Anstelle der reinen Naturnachahmung setzen die Impressionisten das Seherlebnis ins Bild.

Diese neue Bildauffassung setzt sich innerhalb von etwa zehn Jahren in ganz Europa durch. In Deutschland trifft die neue Malerei auf den konservativen Kunstgeschmack des Kaiserreichs. Unter den deutschen Malern findet sie aber rasch Anhänger, die sich den akademischen Vorgaben widersetzen. Im Unterschied zum französischen Impressionismus, der auf Paris konzentriert ist, bilden sich in Deutschland gleich mehrere

Max Liebermann: **Gartenlokal an der Havel**, 1916, Öl auf Leinwand, 71 × 86,5 cm

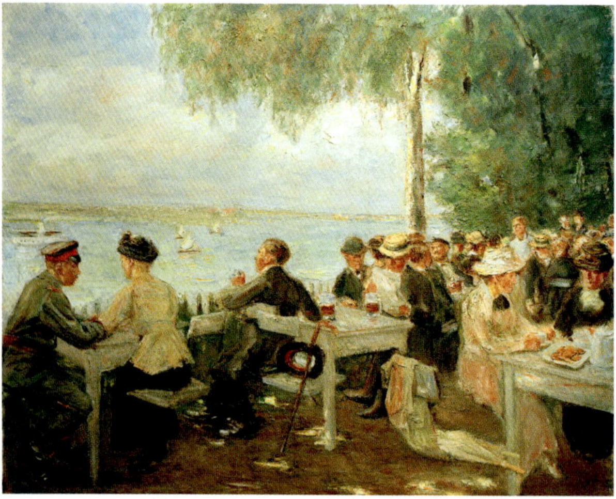

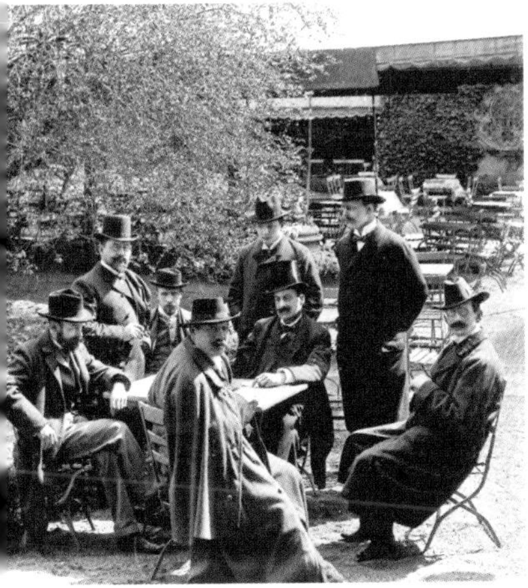

Max Slevogt im Kreis der Berliner Secessionisten, von links nach rechts: August Gaul, Max Slevogt, Fritz Klimsch, Lovis Corinth, Max Liebermann, Ludwig von Hofmann, Walter Leistikow und dahinter stehend Paul Cassirer

Kunstzentren der neuen Freilichtmalerei aus, so etwa in der Umgebung von München, in Berlin, Dresden, Weimar, Karlsruhe und Hamburg. Zwischen 1890 und 1910 entstehen dort private Kunstschulen und Malkolonien, in denen sich eine Abkehr von den idealistischen Traditionen etabliert. Es geht den deutschen Impressionisten um das Malerische des eigenen Gartens, um die liebliche Farbigkeit der regionalen Landschaft und das Gefühl von Ungebundenheit am Wasser. Im Unterschied zu den Franzosen sind die deutschen Impressionisten weniger radikal in Farbgebung und Formauflösung, verwenden eine dunklere Farbpalette und halten sich enger an das Motiv. Max Liebermann schreibt entsprechend: „Gefühl ist alles, seine Gefühle auf den Begriff zu bringen, macht den Philosophen aus; seine Gefühle zu gestalten den Künstler. Hierin liegt auch die Grenze, die bildende Kunst und Poesie nie überschreiten dürfen: sie dürfen nie das Urbild der Natur zur Unkenntlichkeit verzerren."

Mit der Gründung der Berliner Secession 1898 erhält der deutsche Impressionismus ein Forum mit einmaliger nationaler Strahlkraft und gewinnt, gestärkt durch Galeristen und Sammler, allgemeine Anerkennung. Für die wichtigsten Maler der deutschen Freilichtmalerei Liebermann, Corinth und Slevogt führt Paul Cassirer den Titel „Dreigestirn des Deutschen Impressionismus" ein.

Berliner Erfolgsjahre

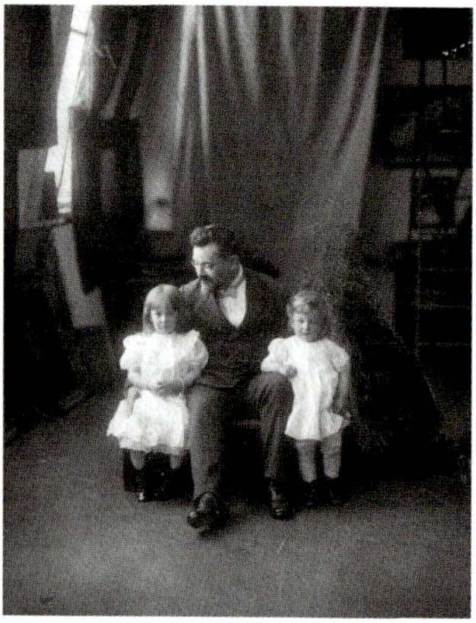

Max Slevogt mit seinen beiden Kindern Nina und Wolfgang im Berliner Atelier, um 1910

Der Umzug nach Berlin ist für Slevogt die richtige Entscheidung. Blitzschnell findet er Anschluss an die sich formierende Moderne und macht mit neuen künstlerischen Impulsen Karriere. In Berlin wendet er sich den klassischen Themen der modernen Kunst dieser Jahre zu, dem Porträt, der Stadtansicht und der Landschaft, insbesondere dem Gartenbild; daneben malt der Musik- und Theaterbegeisterte zahlreiche Rollenporträts, mit denen er auf den jährlichen Ausstellungen der Berliner Secession Erfolge feiert. Schon 1902 sorgt er in Berlin für Furore: Auf der fünften Secessionsausstellung präsentiert er das als *Champagnerlied* bekannte Rollenbildnis *Der weiße d'Andrade* des portugiesischen Startenors **Francisco d'Andrade***, sein erstes großformatiges Werk. 1903 folgt *Der schwarze d'Andrade* und ein Jahr später das ebenfalls überlebensgroße Porträt der Tänzerin Marietta di Rigardo. Binnen weniger Jahre wird Slevogt für eine Reihe anspruchsvoller Porträts herangezogen, deren Anfertigung nun im Mittelpunkt seines Schaffens steht und ihm erstmals in seiner Karriere ein sicheres Auskommen garantiert.

MUSIK WIRD ZUM BILD – FRÜHER TRIUMPH MIT KÜNSTLERROLLENPORTRÄTS

Seit frühester Jugend ist Slevogt der Musik zugetan; neben der Malerei ist sie seine große Leidenschaft. Er ist selbst ein begabter Sänger, spielt seit Kindertagen Klavier und liebt die Oper,

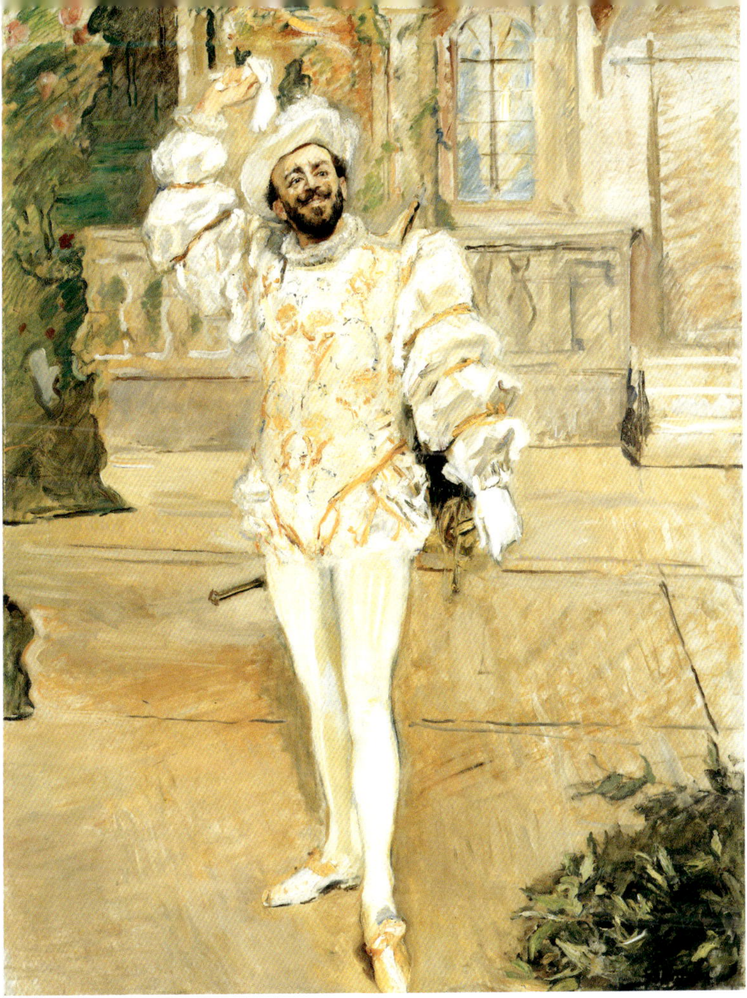

Der weiße d'Andrade, 1902, Öl auf Leinwand, 215 × 160 cm, Staatsgalerie Stuttgart

Alle Welt spricht von einem Bildnis d'Andrades, das Slevogt gemalt hat, und das so stark wirkt, dass andere Künstler versucht haben sollen, ihre Bilder aus der Ausstellung […] zurückzuziehen.

Alfred Lichtwark über Max Slevogts *Der weiße d'Andrade*, 24. April 1902

die Auge und Ohr gleichermaßen anspricht. Schon in München erlebt er 1894 in Wolfgang Amadeus Mozarts Oper *Don Giovanni* erstmals Francisco d'Andrade in dessen Paraderolle. Anfang des 20. Jahrhunderts gilt dieser als einer der besten Opernsänger, der neben Mozart auch Rossini und die bekannten Verdi-Opern singt.

Ich gratuliere Dir zu dem Andrade, selten habe ich solchen Genuss vor einem Bild gehabt.

Karl Voll, 1902

Als Slevogt Francisco d'Andrade 1902 auch im Theater des Westens in Berlin in seiner Glanzrolle erlebt, reift sein Plan, den Sänger auf der Bühne zu malen. Als erstes Bild einer Folge von Interpretationen entsteht als Querformat *Die Champagnerarie* aus *Don Giovanni,* bei dem er seine Staffelei in einer der Logen aufstellt und den Sänger auf der weit in die Tiefe reichenden Bühne erfasst. Eine Vielzahl von Zeichnungen und Ölstudien dokumentiert, dass Slevogt den ursprünglichen Plan fallenlässt und Don Giovanni von nun an lebensgroß in Szene setzt. Aus dem Handlungsablauf ist ein einziger Moment herausgelöst, und die „Champagnerarie" als stärkster Ausdruck des Charakters Don Giovanni ist zum Thema geworden. Das erste **Künstlerrollenporträt*** ist entstanden, in dem die Gesichtszüge d'Andrades mit der Figur Don Giovannis verschmelzen. Als *Der weiße d'Andrade* auf der fünften Secessionsausstellung im April 1902 gezeigt wird, erfährt er sofort begeisterte Zustimmung. Mit dem überlebensgroßen Bildnis überflügelt Slevogt die an ihn gestellten Erwartungen und wird zum Stadtgespräch. In der frontalen Ausrichtung d'Andrades wendet er sich direkt an das Publikum, das im überschäumenden Lebensgefühl ein Spiegelbild seiner selbst sieht.

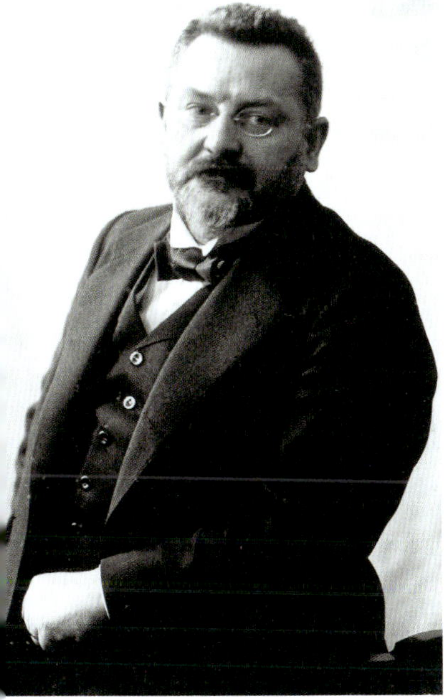

Max Slevogt, um 1912

Im Laufe der nächsten Monate entwickelt sich eine enge Freundschaft zwischen Maler und Sänger, und Slevogt weilt im Sommer 1903 – nicht das letzte Mal – auf dessen Anwesen in Bad Harzburg im Süden Niedersachsens. Dort entsteht, neben zauberhaften Porträtstudien ein zweites Bildnis, *Der schwarze d'Andrade*, das den Sänger als Don Giovanni in der Todesszene zeigt. Von links ragt die weiße Marmorhand des Komturs ins Bild und packt Don Giovanni fest. Weitaus deutlicher als im ersten Porträt nimmt Slevogt hier augenfällig Bezug auf Manets Rollenporträt *Der Sänger Faure als Hamlet* (1877).

TÄNZERINNEN UM SLEVOGT

Zu Beginn des 20. Jahrhunderts wird Berlin mehr und mehr zur Theatermetropole. Wie in keiner anderen deutschen Stadt werden hier neue Inszenierungen vorgestellt, und es gastieren viele außereuropäische Ensembles. Maler und Theaterleute gehen wie nie zuvor engste Bindungen ein und befruchten sich bei ihrer Arbeit gegenseitig. Max Reinhardt, eine der führenden Theaterpersönlichkeiten dieser Jahre, holt Künstler wie Munch, Corinth und Slevogt ans Theater und lässt sie Bühnenbilder und Kostüme entwerfen. Neben dem Theater erlebt auch der Tanz eine grundlegende Erneuerung. Im Zusammenhang mit dem Jugendstil entwickelt sich der moderne Aus-

Sada Yakko, 1901, Öl auf Leinwand, 129 × 83,5 cm

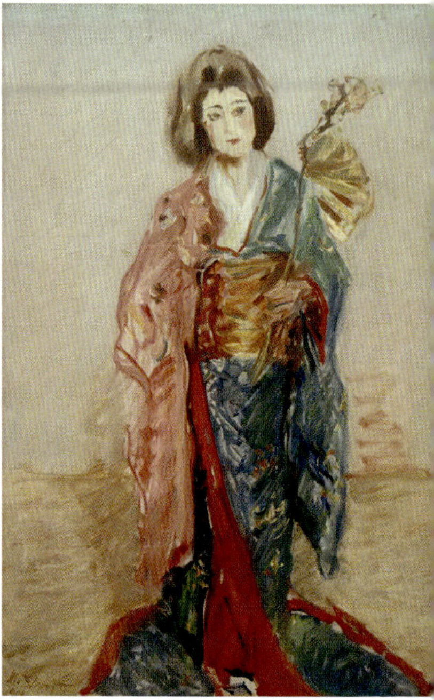

druckstanz. Interpretinnen wie Isadora Duncan und Mary Wigman feiern mit ihren Schleiertänzen große Erfolge, erregen aber auch Anstoß mit ihrer ungewohnten Freizügigkeit.

Auch für Slevogt sind die damaligen Tanzaufführungen eine wichtige Inspirationsquelle. So auch bei *Shogun*, einem japanischen Tanztheater, bei dem Sada Yakko Kawakami im Mittelpunkt steht. 1901 entsteht Slevogts berühmtes Porträt der japanischen Tänzerin. Die ausgebildete Geisha ist in Musik, Tanz und Gesang versiert und gründet mit ihrem Mann 1896 in Tokio ein Tanztheater. Mit ihrem bald international bekannten Ensemble gastiert sie in den Vereinigten Staaten, in London und 1901 auch in Berlin. Fasziniert von den Bewegungen der Tänzerin, ihrem ebenmäßig geschminkten Gesicht und dem farbenprächtigen Kimono, hält Slevogt sie schon während der Aufführung in mehreren Zeichnungen fest, bevor er noch im selben Jahr ein zauberhaft-leichtes Porträt von ihr malt. Dabei verzichtet er auf fast jegliches Requisit und konzentriert sich stattdessen auf ihr in Blau, Rot, Gelb und Rosé schimmerndes Kleid und die langstielige Orchidee. Die vorsichtige Drehung des Kopfes und das aufgeschlagene, rote Futter deuten Bewegungen der Tänzerin an.

Der Tanz wird zur Manie, zur idée fixe, zum Kult. […] alles wirft die Glieder in grausiger Euphorie. Mary Wigman – jeder Zoll eckige Erhabenheit, jede Geste eine dynamische Explosion. Klaus Mann, 1909

Max Slevogt vor dem Gemälde *La Argentina* mit dem Modell, 1926

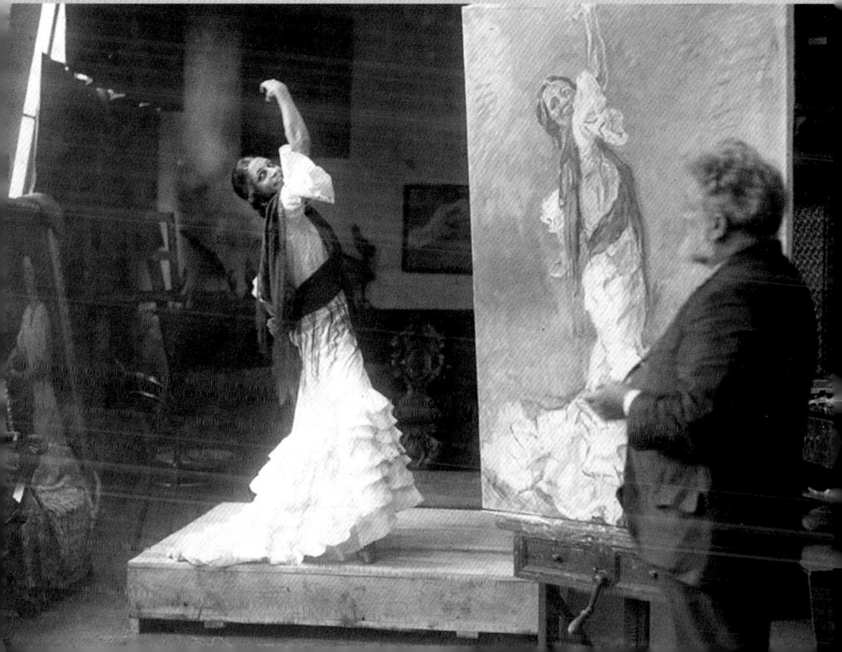

Drei Jahre nach dieser fernöstlich-dezenten Tanzdarstellung widmet Slevogt sich dem mitreißenden Flamenco der in Manila geborenen Marietta Trinidad de la Rosa, die sich mit zunehmender Bekanntheit „di Rigardo“ nennt. Sie ist mit dem Berliner Schriftsteller und Komponisten Georg Schulz verheiratet und tritt in dem Berliner Kabarett *Zum siebten Himmel* auf. Slevogt hat sie bei ihren Auftritten beobachtet und ist von ihrer erotischen Ausstrahlung derart begeistert, dass er ein großformatiges Bildnis von ihr in Angriff nimmt. Wie für seine Vorgehensweise üblich, fertigt er zuvor zahlreiche schnelle Studien an, probiert zunächst Haltung, Kleidung und Staffagefiguren aus und deutet in schwungvoller Pinselführung das Tempo ihrer rhythmischen Körperdrehungen an; das Gemälde ist vergleichsweise sorgsam und detailreich ausgeführt: Hier steht die Tänzerin im Scheinwerferlicht vor einer dreiköpfigen Musikkapelle.

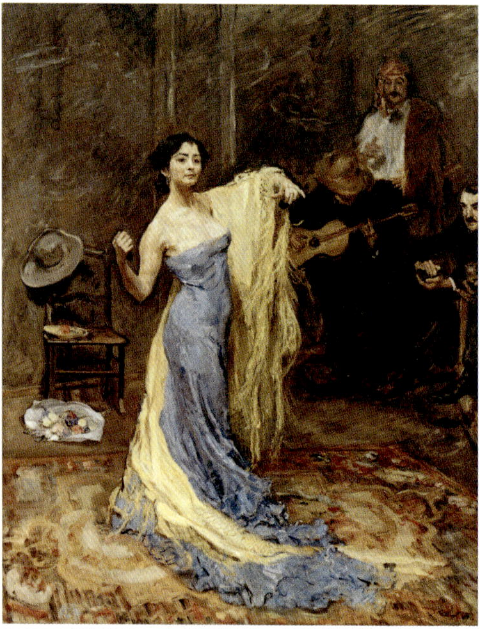

Marietta di Rigardo, 1904, Öl auf Leinwand, 229 × 180 cm

Rechte Seite: **Anna Pawlowa als Bajadere,** 1909, Öl auf Leinwand, 173 × 128 cm

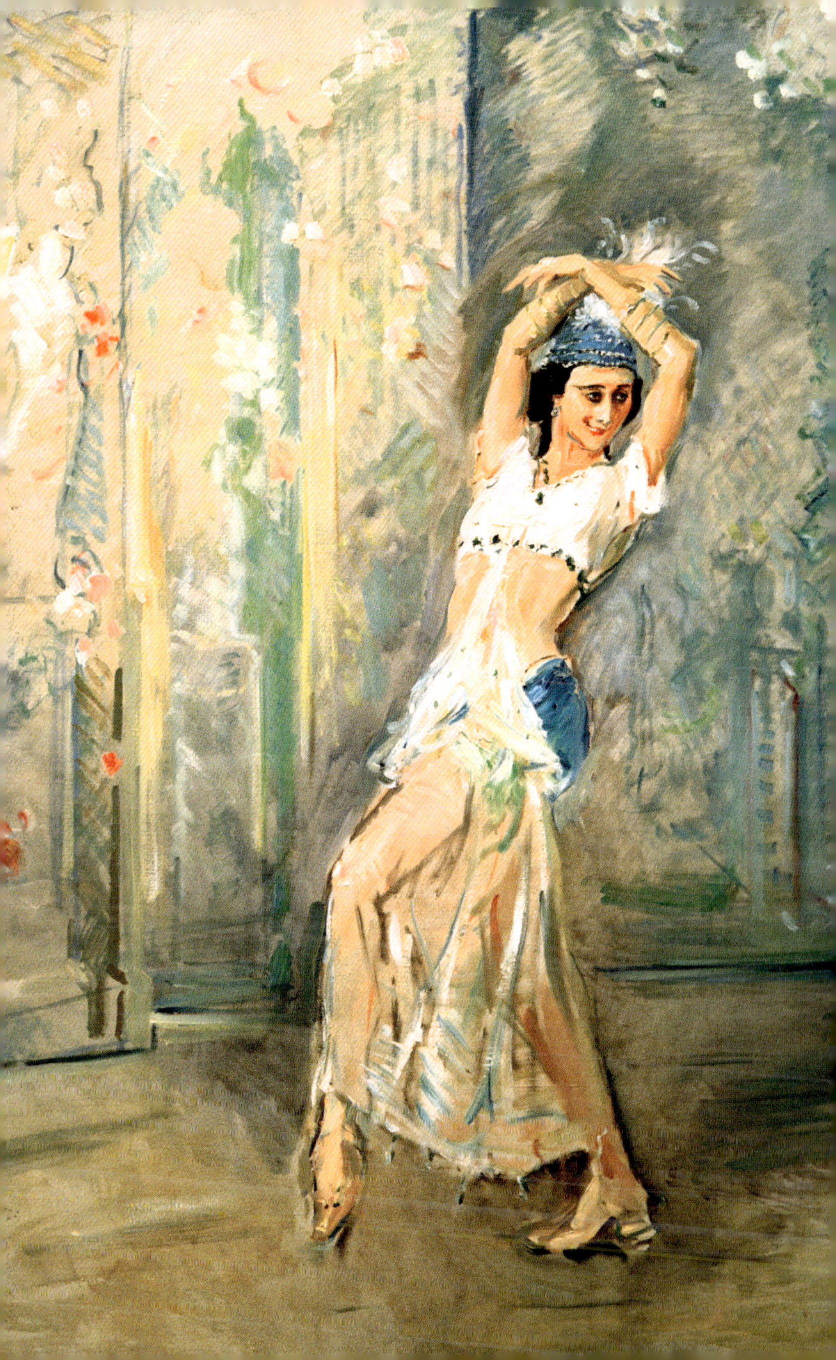

Die energischen, flinken Strichlagen folgen dem Rhythmus des Tanzes. Ständig divergierend kennzeichnen sie kein ausholendes Schreiten, sondern eher eine beherrschte Vibration des Körpers. Hans-Jürgen Imiela über die Marietta, 1968

1909 feiert Slevogt einen weiteren Tanzstar: die berühmte russische Primaballerina Anna Pawlowa aus St. Petersburg. An der kaiserlichen Ballettschule ausgebildet, kann sie schon bald am renommierten Mariinsky-Theater auftreten. Slevogt sieht die Pawlowa in einer Galavorstellung der Kroll-Oper am 7. Mai 1909. Dieser Abend wird von der Berliner Secession mitorganisiert und bietet beim anschließenden Bankett im Hotel Esplanade Gelegenheit, die Künstler kennenzulernen. Als Slevogt Anna Pawlowa bittet, für ihn Modell zu stehen, muss er eine Weile verhandeln und seine charmante Freundin Tilla Durieux bitten, die Primaballerina über die langweiligen Sitzungen „hinwegzuplaudern". Es ist charakteristisch für Slevogt, die Ballerina nicht in einer ihrer klassischen Rollen, etwa als Sterbenden Schwan, zu malen, sondern als Bajadere, als indische Tempeltänzerin, in einem bauchfreien, erotisch-exotischen Kostüm und mit einem kessen Lächeln. Slevogt vermittelt mit seiner flirrend-impressionistischen Farbgebung Leichtigkeit und Heiterkeit, obwohl die Pawlowa einen dramatischen Todestanz aufführt.

Slevogt verfolgt das Thema des Tanzes auch in den folgenden Jahren. Weitere Tänzerinnen-Porträts sollen noch folgen: 1921 malt Slevogt Tilla Durieux als verführerisches Weib des Potiphar, und 1926 verewigt er Antonia Mercé als *La Argentina* im Großformat, das durch den bewegten Pinselduktus Musik und Rhythmus ebenfalls besonders schön einfängt.

Wahlheimat Pfalz und Slevogts Landschafts-impressionismus

Kaum ein anderes Bildthema wird heute mehr mit Slevogt in Verbindung gebracht als die Landschaftsmalerei. Weder Liebermann mit seinen am Wannsee entstandenen Gartenbildern noch Corinth mit den Impressionen vom Walchensee reichen an Slevogts meisterhafte und ausdrucksstarke Landschaften heran.

Die Entwicklung dieser Landschaftskunst ist ohne das tiefe Verständnis und die Liebe zur Pfalz nicht denkbar. Slevogt kommt schon als Kind zur Tante Knoderer nach Landau in die Pfalz. Weitläufige verwandtschaftliche Beziehungen bestehen auch zur Familie Finkler in Godramstein, unweit von Landau, wo Peter Finkler, Slevogts zukünftiger Schwiegervater, besagtes Anwesen hat, die klassizistische Landvilla namens „Schlössel“. Umgeben von einem kleinen Park, liegt sie inmitten von Weinbergen und gewährt einen wunderbaren Ausblick zu den Höhen des Pfälzer Waldes, zum Haardtgebirge und zum deutsch- französischen Mittelgebirge Wasgau. Zum Besitz gehört auch das unweit gelegene Weingut Neukastel. Dieses Sommer-

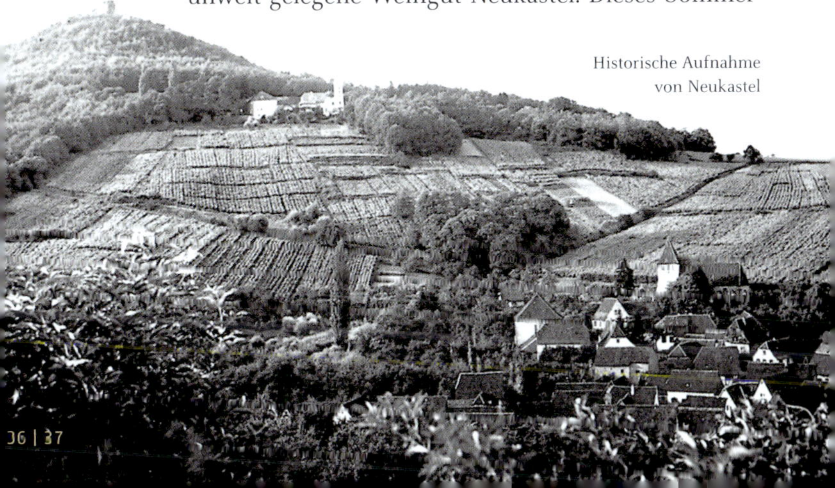

Historische Aufnahme von Neukastel

Er brauchte nicht nach einem Motiv zu suchen: was sein Blick umfasste, wurde ihm zum Motiv, wurde ihm durch Licht und Farben zu einem Stück Paradies, denn das Paradies ist in einem selber.

Johannes Guthmann über Max Slevogts Landschaften, 1948

domizil nahe Leinsweiler besucht Slevogt nach eigener Erinnerung erstmals 1895 und kommt – zunächst aus München, später aus Berlin – regelmäßig mit seiner Frau und den zwei Kindern Nina und Wolfgang. Hier malt er wie im Schaffensrausch Landschaften und fühlt sich frei.

LANDSCHAFT WIRD IMPRESSION

Wir unterscheiden heute drei Phasen seiner Landschaftsmalerei: die frühe Neukastel-Periode (1895–1908) mit meist dunkeltonigen Studien, die zunehmend helle und farbintensive Periode in Godramstein (1909–13) und die zweite Neukastel-Periode (1914–32), in der die Landschaftsmalerei ungeahnte Höhenflüge erlebt und zu seinem wichtigsten Betätigungsfeld wird.

Nach den frühen braun- und grüntonigen, zuweilen an Arnold Böcklin erinnernden Landschaftsstudien nähert sich Slevogt 1901, wie schon an den Frankfurter Zoobildern ersichtlich, stilistisch dem Impressionismus an. Seiner Landschaft *Blühende Bäume in Neukastel* kommt in dieser Entwicklung eine Schlüsselrolle zu. In künstlerischer Auffassung und Wahl des Bildausschnitts erstaunlich frei, verbindet Slevogt hier die nahe liegenden Motive eines Kirschbaums und des Neukasteler Turms mit dem Weitblick ins Tal. Die Komposition lebt aus der Spannung von Nähe und Ferne, Licht und Schatten. Erstmals löst Slevogt hier die Motive in dünnflüssige Linien und duftende Farbflecken auf und geht zu einer skizzierenden Pinselführung über. In neuer Leichtigkeit charakterisiert er die Früh-

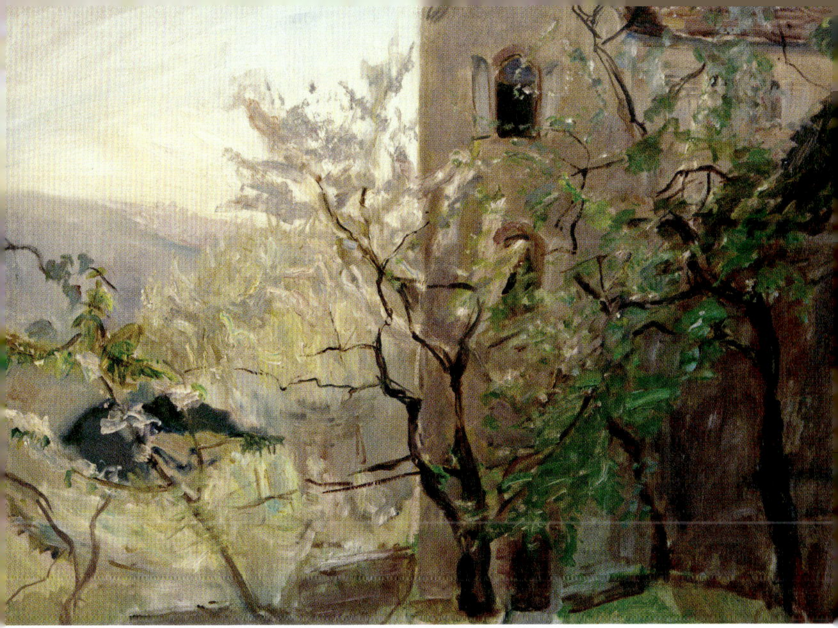

Blühende Bäume in Neukastel, 1898, Öl auf Leinwand, 70,2 × 100,6 cm

lingslandschaft in ihrer so typischen Zartheit und hat mit diesem zaghaft impressionistischen Werk die Schwere seiner dunklen Atelierbilder überwunden.

Im Unterschied zu den komplexen Berliner Bildkompositionen, die er stets in unzähligen Zeichnungen und Ölstudien vorbereitet, verzichtet Slevogt bei seinen Landschaften auf jegliche Vorstudien, sondern malt – wie die französischen Impressionisten – unmittelbar vor dem Motiv alla prima. So muss er bereits von Beginn an eine Vorstellung von der Endfassung seines Gemäldes haben, verzichtet auf Untermalung und Lasuren und setzt jeden Farbton sogleich an die richtige und endgültige Stelle. Slevogt entwickelt eine wahre Meisterschaft in dieser anspruchsvollen Technik, die sich dem Betrachter offenbart, wenn er sich, statt auf das Motiv, auf die Farbtupfer und Striche konzentriert.

DIE SOMMER IN GODRAMSTEIN

Von 1909 bis 1913 verbringt Slevogt die Sommermonate regelmäßig in Godramstein bei Landau, in der Villa der Schwiegereltern in der Pfalz. Das Leben in der kleinen Ortschaft in herrlicher landschaftlicher Umgebung ist eine willkommene Abwechslung für seine Frau und seine 1907 und 1908 geborenen Kinder. In erster Linie nutzt Slevogt die pfälzische Sommerfrische zur Entwicklung seiner Landschaftsmalerei, die in Bildern der Umgebung des Hauses, des Parks und der angrenzenden Orte ihren Niederschlag findet. Erst in dieser Zeitspanne

Landhaus in Godramstein – Einfahrt zur Villa, 1909, Öl auf Leinwand, 62 × 75 cm

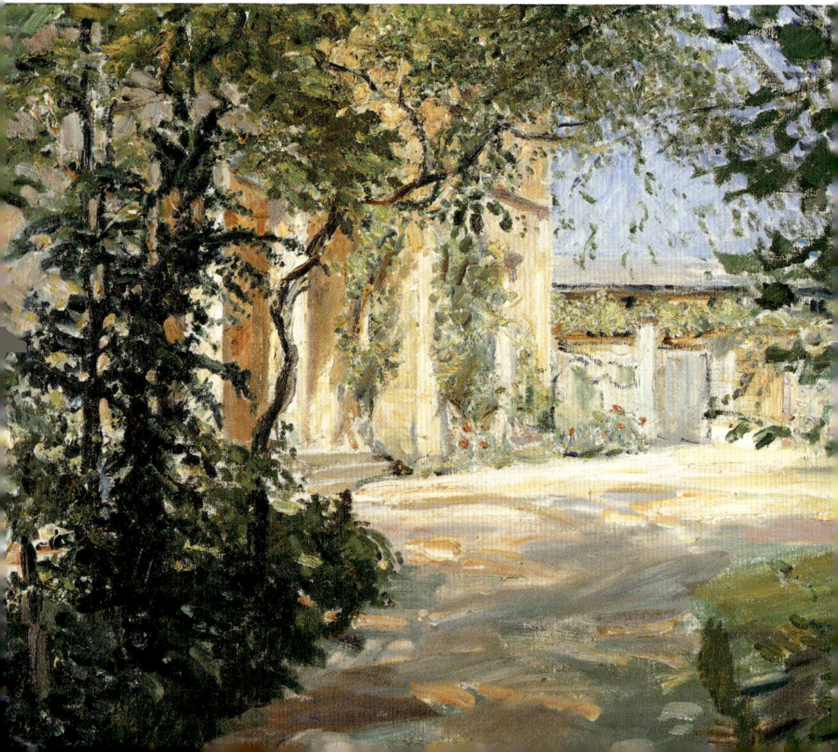

Ich habe Manet so bewundert, weil ich in ihm das fand, was die Welt so schön macht. Max Slevogt, 1920

um 1909/10 löst er sich konsequent von der erlernten, dunkeltonigen Farbigkeit und entwickelt unter dem Eindruck von Manet, Monet und van Gogh, deren Bilder er aus dem Kunstsalon von Paul Cassirer kennt, eine farbintensive, helle und expressive Landschaftskunst.

Wie intensiv Slevogt sich mit seinem wichtigsten Vorbild Manet auseinandersetzt, dokumentiert sein 1909 gemaltes Bild *Landhaus in Godramstein – Einfahrt zur Villa.* Wie Manet beim *Landhaus in Rueil,* seit 1906 in der Nationalgalerie Berlin, nimmt Slevogt den durch Bäume und Sträucher leicht verstellten Blick auf ein Landhaus zum Motiv. Das Thema ist dabei nicht die Erfassung des herrschaftlichen Baukomplexes, sondern vielmehr das Licht, der Kontrast zwischen dem von Bäumen gesäumten, schattigen Zufahrtsweg und dem in blendendem Sonnenlicht liegenden Vorplatz und der hellen Hausfassade mit einem von Säulen gerahmten Portal. Slevogts Lichtregie lenkt den Blick geschickt in die Tiefe. Der Vergleich mit Manet offenbart aber auch, dass Slevogt das Vorbild nicht einfach kopiert, sondern durch seine tupfende und spontanere Malweise die Motive stärker auflöst. „Er hat sich den Franzosen damals keineswegs mit Kopf und Kragen verschrieben", resümiert Guthmann, „sondern hat sich, […] sozusagen auf Deutsch, mit ihnen auseinandergesetzt. Für ihn bedeutete das Farbencredo eine Regeneration seiner eigenen malerischen Ideale aus dem Lichte heraus."

Das *Landhaus in Godramstein* ist dabei nur eines von über 60 Landschaftsbildern, die überwiegend in den Sommermonaten von 1909 bis 1913 in dichter Folge entstehen. In seiner vielleicht glücklichsten Schaffensperiode vor dem Ersten Weltkrieg malt Slevogt wuchtige und kühne Wege- und Gartenbilder, nahsichtige Ansichten des Parks, der die Villa umgibt, aber auch atmosphärisch feinfühlige Landschaftsausblicke vom Balkon und – nicht zu vergessen – die strukturell und koloristisch interessanten Bilder von Steinbrüchen und Kalkgruben. Die Jahre in Godramstein bedeuten im Schaffen Slevogts, der nun die Vierzig überschritten hat, zweifellos einen Höhepunkt.

UMZUG NACH NEUKASTEL UND LANDSCHAFTEN AUS DESSEN UNMITTELBARER UMGEBUNG

Die Godramstein-Zeit endet 1913, als das „Schlössel" wegen finanzieller Schwierigkeiten der Familie Finkler aufgegeben werden muss. Aus der gewaltigen Konkursmasse erwirbt Slevogt 1914 das Hofgut Neukastel. Erst jetzt ist er richtig in der Pfalz angekommen und nimmt Besitz von einem einfachen, aber vielgliedrigen Gebäudeensemble, das durch seine Lage einen scheinbar endlos weiten Blick nach Süden ermöglicht, zur Madenburg, dann weiter in Richtung Elsass zu den Nordvogesen und schließlich auch nach Osten in die Weiten der Rheinebene.

Von der Terrasse des nun eigenen Hofes Neukastel aus entsteht eine Folge eindrucksvoller Landschaftsbilder. Hier liefern sich Sonnenschein und Wolkenschatten ein spielerisches Duell, und zu jeder Tageszeit, fast stündlich, wechseln Licht- und Farbeffekte auf dem weiten, welligen Land.

Aber diese guten Geister hießen eben Max und Nini Slevogt. Beide zur Körperfülle neigend [...], spürten sie mit heimlichen Antennen, was da in ihrem Mikrokosmos von Neukastel sich regte. Johannes Guthmann, 1948

Der Erfindungsreichtum der Natur scheint grenzenlos, und Slevogt ist ganz der Mann, um die bewaldeten Anhöhen, die Birkenhaine, die Wiesen und Weinberge in wechselnden Licht- und Wetterphänomenen einzufangen. Wie sensibel er die untergehende Sonne eines Herbsttages festhält, zeigt die *Weinlese am Hämmelsberg* von 1917. In diagonal verlaufenden Landschaftspartien und dem darüber lagernden Berg baut er die Komposition auf und festigt sie durch eine Figurengruppe. Der helle Himmel ist von Wolken leicht bewegt, die Sonne ist

Weinlese am Hämmelsberg, 1917, Öl auf Leinwand, 75 × 85,5 cm

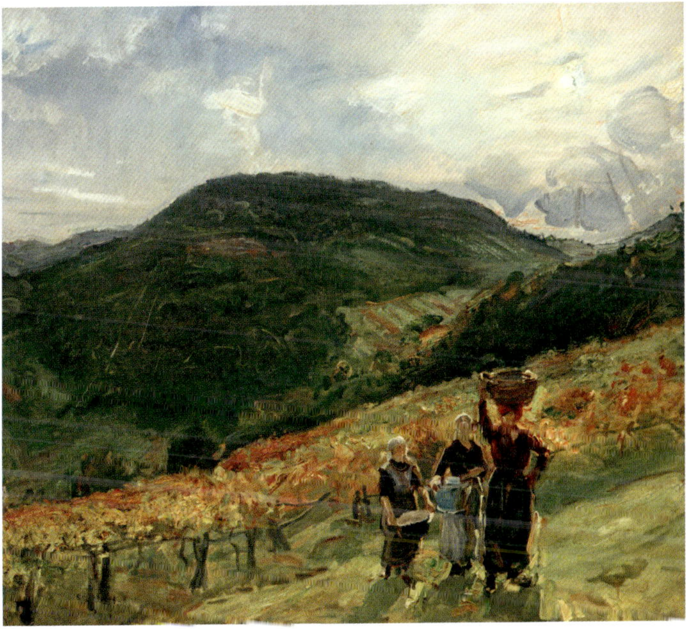

kaum noch sichtbar: ein dem Abend entgegengehender Herbsttag. „Ein reiner Hauch weht von den Bergen her“, dichtet Martha Saalfeld zu diesem Bild. „Das Rot und Gold des Weinlaubes flackert noch am Stock, wenn auch die Traube nun geerntet ist. Noch lagert die Sonne auf den sanften Hängen, die rebhuhnfarben schon gesprenkelt sind. Viel Weiß mischt sich hinein, als ob kein Ende noch des Sommers sei ...“

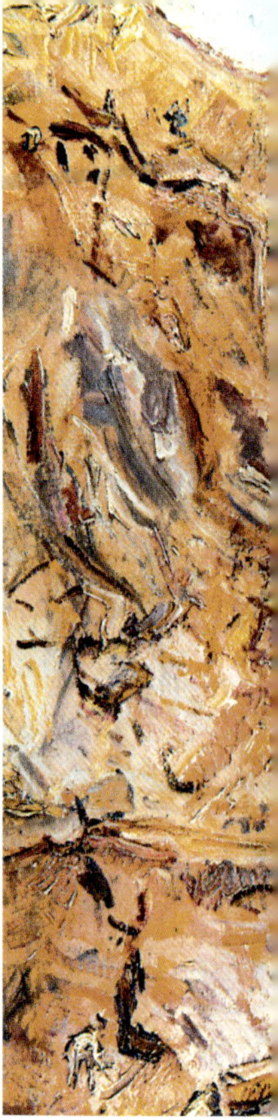

Seit Slevogt sich in den Sommermonaten regelmäßig in Godramstein aufhält, ist er auch auf der Suche nach neuen landschaftlichen Motiven abseits des Landhauses und seiner umliegenden Gärten. Schon 1909 stößt er auf die zu Albersweiler gehörenden Steinbrüche und Kalkgruben, die durch ihre schroffen Steinformationen in wechselnden Tages- und Jahreszeiten ihren Reiz haben. Mit ausreichend Distanz zum Motiv zeigt er in *Steinbruch in Albersweiler* links einen steil abfallenden Felsen, in dem Arbeiter auf den wenigen Vorsprüngen stehen und mit Hacken die Steine lösen. Die abfallende Linie findet in dem Dach der einfachen Holzhütte ihren Abschluss. Für Slevogts weitere stilistische Entwicklung ist das in changierenden Gelb- und Ockertönen gehaltene Bild von weitreichender Bedeutung. So erprobt er anhand des schroffen Gesteins seinen später so charakteristischen flüchtigen und pastosen Farbauftrag, der sich zunehmend von der getreuen Gegenstandsbeschreibung löst. In diesem Sinne sind die Steinbruchbilder die wichtigste Voraussetzung für die Ägyptenserie.

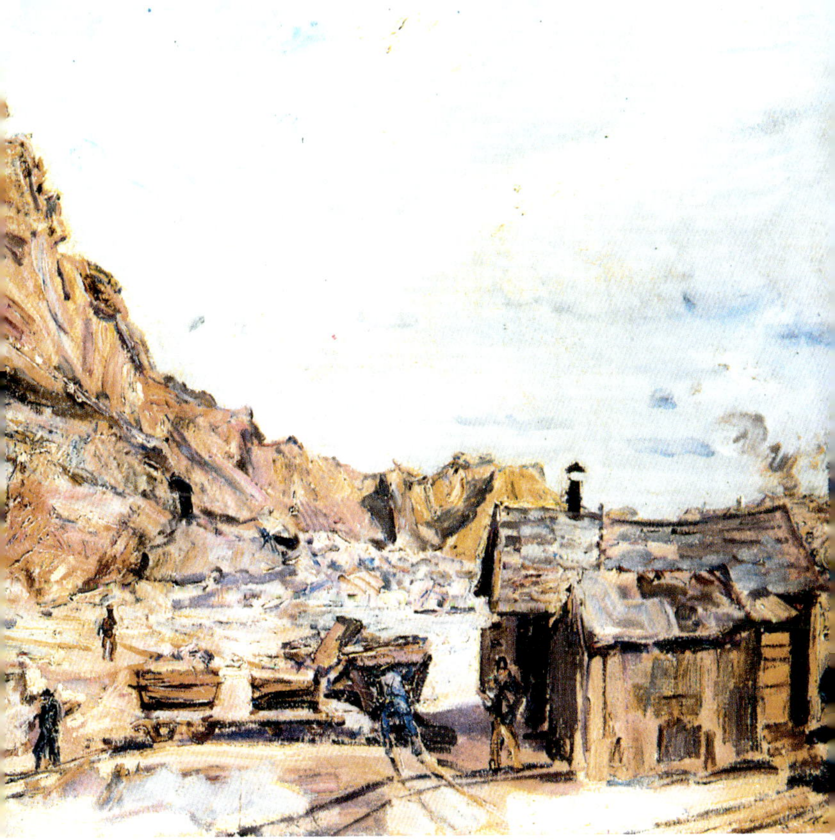

Steinbruch bei Albersweiler, 1912, Öl auf Leinwand, 72 × 101 cm

Es war ihm offenbar ein Bedürfnis, dem Fluge seines Griffels in rein malerischen Werken ein Gegengewicht zu geben, der bewegten Welt des „Achill" die schwelgerischen Harmonien von Luft, Licht, Erde und Wasser.

Johannes Guthmann, 1948

Slevogt und die Pfalz

Die Entwicklung von Slevogts Landschaftsmalerei ist aufs Engste mit der Pfalz verbunden. Nachdem er schon als Kind zu entfernten Verwandten in die Pfalz gekommen ist und 1898 mit Antonie Finkler eine Pfälzerin geheiratet hat, wird die Landschaft zwischen Hunsrück, Elsass und Saarland zu seiner Wahlheimat. In unmittelbarer Auseinandersetzung mit der von der Sonne verwöhnten Pfälzer Landschaft erarbeitet er sich die impressionistischen Bildmittel, sowohl bei Porträts im Freien als auch bei seinen fortschrittlichen Naturdarstellungen.

Der Radius seiner pfälzischen Landschaften ist angesichts ihrer Vielfalt und ihres Abwechslungsreichtums erstaunlich klein: Die Wohn- und Lebensorte Godramstein und Neukastel liegen nicht einmal 10 Kilometer voneinander entfernt; gut erreichbar sind von hier aus auch die Ortschaften Landau, Albersweiler, Annweiler am Trifels, Leinsweiler und die markant in die Landschaft ragende Madenburg. Slevogts Wohnsitz, das Hofgut Neukastel, liegt oberhalb des Dorfes Leinsweiler, am Hang eines leicht vorgezogenen Hügels des Pfälzer Waldes. Von hier aus geht der Blick nach Süden, im Tal zur Madenburg und weiter den Gebirgszug entlang in Richtung Elsass, zu den Nordvogesen und im Osten in die

Das Hofgut Neukastel, historische Aufnahme

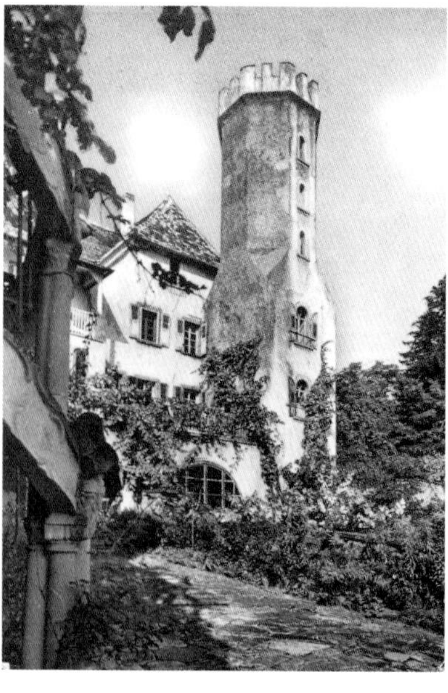

Max Slevogt malend
in Neukastel, 1918

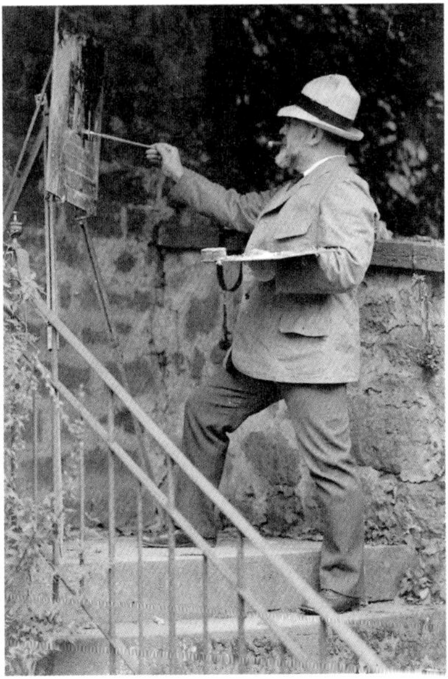

Weiten der Rheinebene. Die im 12./13. Jahrhundert errichtete und für den Wasgau so typische Felsenburg Neukastel ist im 14. Jahrhundert kurpfälzisch und gehört von 1410 bis zum Ende des Reiches zu Pfalz-Zweibrücken.

Der Slevogthof, ein einfaches, vielgliedriges Gebäudeensemble mit Innen- und Vorhof und einer terrassierten Gartenanlage, ist in seiner Bausubstanz im Wesentlichen erhalten und geht auf die erste Hälfte des 19. Jahrhunderts zurück. Um die Jahrhundertwende kommt ein romantischer Bergfried, ein Turm, hinzu, und 1922/23 lässt Slevogt einen Erweiterungsbau mit Musiksaal und Bibliothek errichten.

Schon früh erkennt Slevogt den Variationsreichtum seiner unmittelbaren landschaftlichen Umgebung, und noch heute kann man seinen Spuren folgen, denn die Orte, von denen der jeweilige Ausblick genommen ist, verändern sich oft nur um wenige Schritte oder durch eine minimale Drehung. Als Maler hat er die Pfalz erstmals zu künstlerischem Rang erhoben und ihr eine Bildwürdigkeit verliehen, wie dies vor ihm in Bezug auf eine landschaftliche Region nur die Impressionisten vermochten.

Slevogt in Hamburg – Ein Porträtauftrag und erste Seebilder

In den frühen Berliner Jahren macht Slevogt sich nicht nur einen Namen mit den bereits vorgestellten berühmten Künstlerrollenporträts von Sängern und Tänzern wie Francisco d'Andrade und Marietta di Rigardo, sondern fertigt auch Bildnisse der Berliner Politprominenz und der Vertreter der gehobenen Gesellschaft an, darunter die Direktorengattin Angela von Tschudi, der Architekt Rudolf Hofmann, der Unternehmer Max Cassirer und der Bankier und Politiker Bernhard Dernburg. Angesichts dieser repräsentativen Porträts ist es kaum verwunderlich, dass **Alfred Lichtwark***, der engagierte und der Moderne höchst aufgeschlossene Direktor der Hamburger Kunsthalle, 1905 mit einem Bildnisauftrag an Slevogt herantritt: Für die geplante Galerie mit Bildnissen von Hamburger Honoratioren soll Slevogt den Überseekaufmann und Senator Henry O'Swald malen.

SLEVOGT UND DER SENATOR WILLIAM HENRY O'SWALD

Obwohl sich Slevogt geehrt fühlt, nach so bedeutenden und gestandenen Malern wie Liebermann, Trübner oder Corinth als Porträtist nach Hamburg berufen zu werden, hat er Bedenken wegen seiner Gesundheit und macht zudem ein stattliches Honorar zur Bedingung: „Sehr geehrter Herr Lichtwark, [...] ich habe sehr viel zu tun und fühle mich dazu nicht ganz wohl. [...] Es würde mich natürlich locken nach Hamburg zu kommen, das ich nur sehr wenig kenne, und durch Ihren Vorschlag wieder Gelegenheit zu einem Bild-

> Sein [Liebermanns] Gefühl Slevogt gegenüber war von Anfang an und blieb zwiegestimmt.
>
> Johannes Guthmann über Max Liebermanns Verhältnis zu Max Slevogt, 1948

nis großen Stils zu erhalten. Um nun die heikle Geldfrage zu berühren! Bei einem Bildnis, wie etwa beim weißen oder beim schwarzen Andrade, – oder bei der Marietta, um einen Vergleichspunkt zu haben, würde ich Ihnen und Ihren Freunden mit 8.000 M. entgegenkommen." Trotz des stolzen Preises ist Lichtwark einverstanden, und schon Anfang Juli 1905 reist Slevogt für etwa sechs Wochen nach Hamburg.

Auch der große Vorkämpfer der Moderne, Alfred Lichtwark, hat Slevogts Aufstieg in jenen Jahren gespannt verfolgt und wies in seinen [...] Plänen, mit denen er Hamburg zum künstlerischen Mittelpunkt des Nordens zu gestalten suchte, dem jungen Maler besondere Aufgaben zu. Mit dem großen Bildnis des Senators O'Swald [...] fing es an. Lichtwark fand sich nicht enttäuscht. Johannes Guthmann, 1948

Im Unterschied zu Liebermann, der 1891 seine allzu realistische Darstellung des beliebten Hamburger Bürgermeisters Carl Friedrich Petersen zurückziehen muss, wird Slevogt seinem Auftrag, den zukünftigen zweiten Hamburger Bürgermeister William Henry O'Swald zu porträtieren, mehr als gerecht. In traditioneller schwarzer Amtsrobe mit Mühlsteinkragen steht der hochgewachsene Senator in aufrechter Haltung vor der Flucht monumentaler Säulen im Foyer der Hamburger Kunsthalle. Das von links einfallende Licht

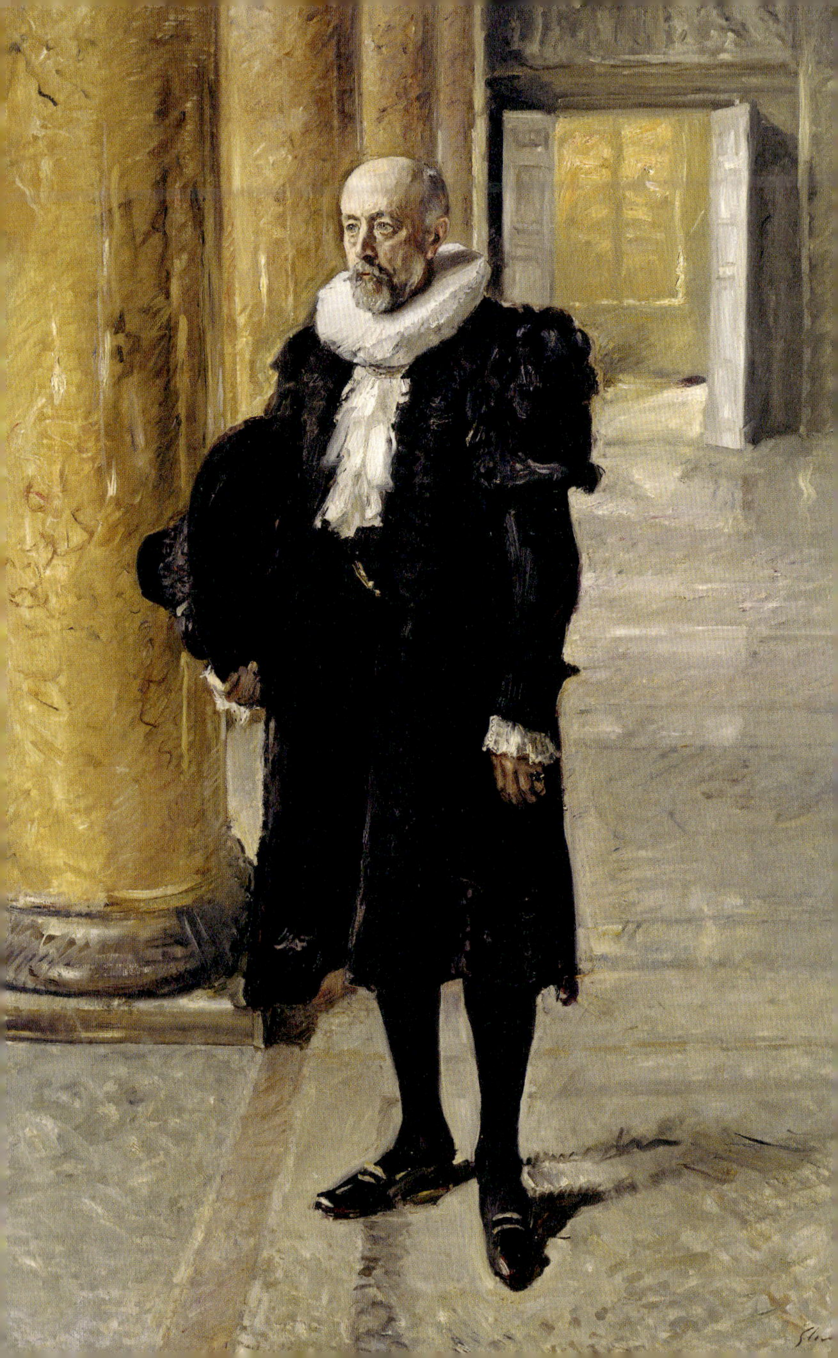

Porträt William Henry O'Swald,
1905, Öl auf Leinwand, 230 × 150 cm

unterstreicht das hell ausgeleuchtete, fast weiße Gesicht mit visionärem Blick; dieses steht im Kontrast zu dem prächtigen schwarzen Mantel und dem Hut des Senators. Stolz und mit angemessener Würde dargestellt, erhält der stellvertretende Bürgermeister von Hamburg die ihm zustehende Aufmerksamkeit und das richtige Maß an ehrfurchtsvollem Respekt. Sowohl der Senator als auch Lichtwark sind mit dem Ergebnis hochzufrieden.

DIE ENTDECKUNG DES WASSERS

Lichtwark hat den Maler für seinen Hamburger Aufenthalt im komfortablen Uhlenhorster Fährhaus an der Außenalster untergebracht, und Slevogt findet zunehmend Gefallen an der Stadt am Wasser. Nach zügigem Abschluss des Porträts entschließt er sich, länger zu bleiben, und malt erstmals zahlreiche Wasserlandschaften. Durch ihre Bildausschnitte, die Wiedergabe des Lichts und die spontan-flüchtige Malweise gehen diese maritimen Werke weit über das hinaus, was andere deutsche und französische Impressionisten bei ihren Hamburg-Ansichten vorlegen.

Die Darstellung von Wasser hat Slevogt bis zu seiner Reise an die Elbe nicht sonderlich interessiert. Ungeachtet der Tatsache, dass sowohl die Umgebung von München als auch die von Berlin reiche Wasserlandschaften zu bieten haben, stellt das Thema bis dahin keine Herausforderung für ihn dar. Das ändert sich schlagartig in Hamburg, wo ihm die vom Wasser bestimmte Stadt und ihr Umland einen neuen Themenkreis erschließen. Unabhängig davon, ob er den *Anlegesteg am Uhlenhorster Fährhaus am Nachmittag* oder *Segelboote auf der Alster am Abend* malt – immer fasst er einen übersichtlichen und

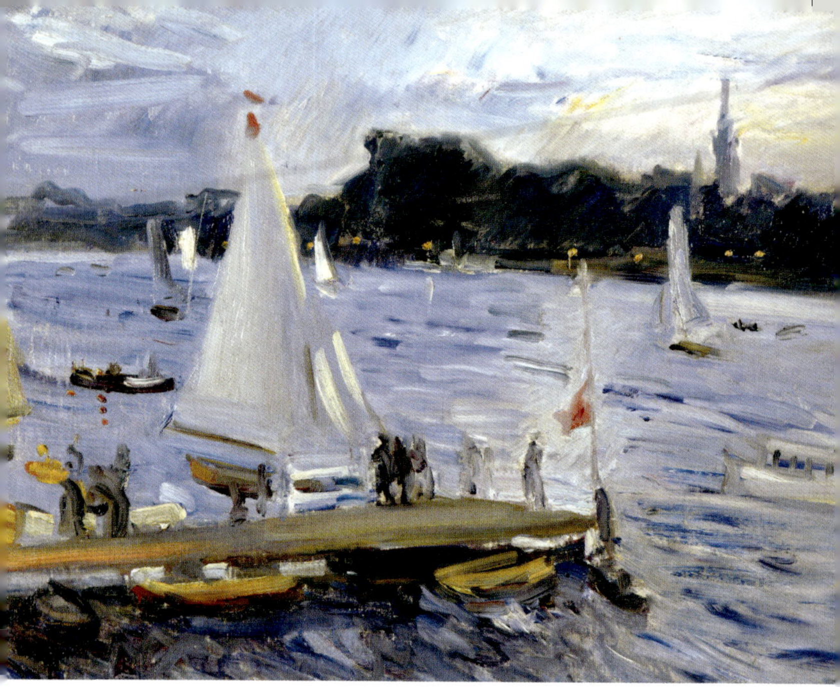

Segelboote auf der Alster am Abend, 1905, Öl auf Leinwand, 58,5 × 76 cm

abgegrenzten Bereich ins Bild und versucht, ganz im Sinne der Impressionisten, die charakteristische Stimmung des Ortes zu einer bestimmten Tageszeit einzufangen. Beim zweitgenannten Bild *Segelboote auf der Alster am Abend* kann er durch das bewegte Wasser und den bläulich gelben Himmel der aufkommenden Brise und dem nachlassenden Licht am Nachmittag nachspüren. Anders als Liebermann, Émile Bonnard und Friedrich Ahlers-Hestermann, die nur wenig später das Fährhaus malen und dabei in erster Linie die Erholung suchenden Menschen in den Blick nehmen, setzt Slevogt die durch das Wetter bedingte Atmosphäre und die besondere Lichtwirkung malerisch um. In Auffassung und Ausführung nähert er sich damit erstmals den Seestücken von Claude Monet an und schafft eine Bilderserie, die bis dahin zu seinen fortschrittlichsten Arbeiten zählt.

Sommerfrische, erste Wandbilder und ein Stück Berliner Kulturgeschichte

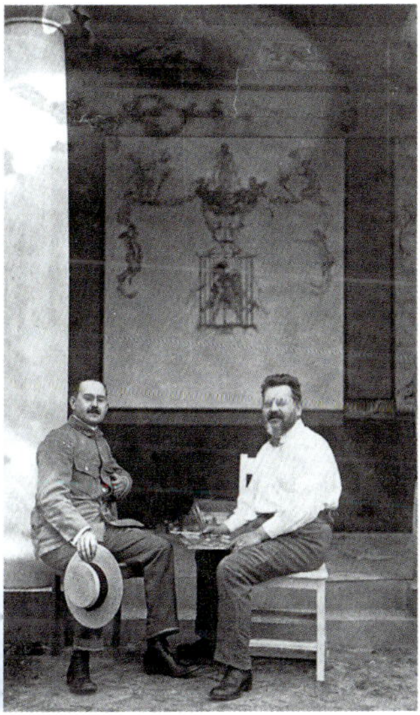

Johannes Guthmann und Max Slevogt vor dem ausgemalten Pavillon in Neu-Cladow, 1912

Von den Landschaftsbildern aus der Pfalz ist es künstlerisch gesehen nur ein kleiner Schritt zu den Werken, die Slevogt im Sommer 1911/12 auf dem Anwesen von Johannes Guthmann in Berlin Neu-Cladow malt. Die Atmosphäre der exklusiven Sommerresidenz gleicht in ihrer Abgeschlossenheit, Harmonie und landschaftlichen Schönheit der von Godramstein.

JOHANNES GUTHMANN UND SEIN POMPEJI AN DER HAVEL

Mit Johannes Guthmann tritt 1911 ein Sammler und Freund in Slevogts Wirkungskreis, der mit dem Wandel seiner Interessen der Entwicklung folgt, die sich um diese Zeit auch in der deutschen Malerei vollzieht. Als studierter Kunsthistoriker mit Erfahrung in der Museumsarbeit unter Hugo von Tschudi erwirbt er zunächst Bilder von Ludwig von Hofmann und Arnold Böcklin, bevor er sich um 1910 den jüngeren, zeitgenössischen Künstlern und insbesondere Slevogt zuwendet. Von Hause aus sehr vermögend, beginnt er 1909 das ehemalige Anwesen der Familie von Mencken, der Mutter von Otto von Bismarck, in Neu-Cladow an der Havel nach Plänen von Paul Schultze-Naumburg umzubauen und für sich und seine Künstlerfreunde bewohnbar zu

In solcher Stimmung und Schöpferkraft, ausgeruht und voll künstlerischen Übermuts hat Slevogt im Wandschmuck einer offenen Gartenhalle in Neu-Cladow ein Schatzkästchen voll launiger Improvisationen aufgetan.

Johannes Guthmann über die Ausmalung seines Gartenpavillons, 1920

machen. In dem weitläufigen Garten der Villa lässt er einen von zwei Säulen umstandenen Pavillon bauen. Für dieses Refugium schweben ihm heiter-gefällige Wandmalereien vor, mit deren Ausführung er Slevogt beauftragen möchte. Aus den vielen Erzählungen Guthmanns ist bekannt, dass der Maler sich erst nach eindringlichem Zuspruch bereit erklärt, diesen von seiner Technik her ungewohnten Auftrag anzunehmen: „Kurz, nach wenigen Worten erklärte er mir in vorzüglicher Hochachtung, dass er es sich noch einmal überlegt habe, und er mir den Auftrag zurückgeben müsse. [...] Ich wurde erregt, ich drang auf ihn ein, ich wies auf die Pinsel und Eimer, Farbenbüchsen und alle Requisiten zum gedeihlichen Schaffen hin [...]. Slevogt musste schmunzeln, der Stein auf seinem bedrängten Herzen erweichte sich."

Guthmanns Vorstellungen folgend, entwirft Slevogt lockere und heitere Szenen, die von Ferne an spätrömische Wandmalereien aus Pompeji erinnern, aber durch seine Fantasie und seinen Witz modern sind und durch seinen schnellen Malstil an die Illustrationen des Buches *Die Insel Wak-Wak* erinnern. Die heute nicht mehr erhaltenen Szenen zeigten auf der Hauptwand eine frei schwebende Blumengirlande, auf der ein weiblicher Rückenakt mit fantastischem Federschmuck stand; seitlich davon hielten ein unbekleideter Mann und eine Frau Ringe mit Papageien. Ging der Blick auf die schmalen Seitenwände

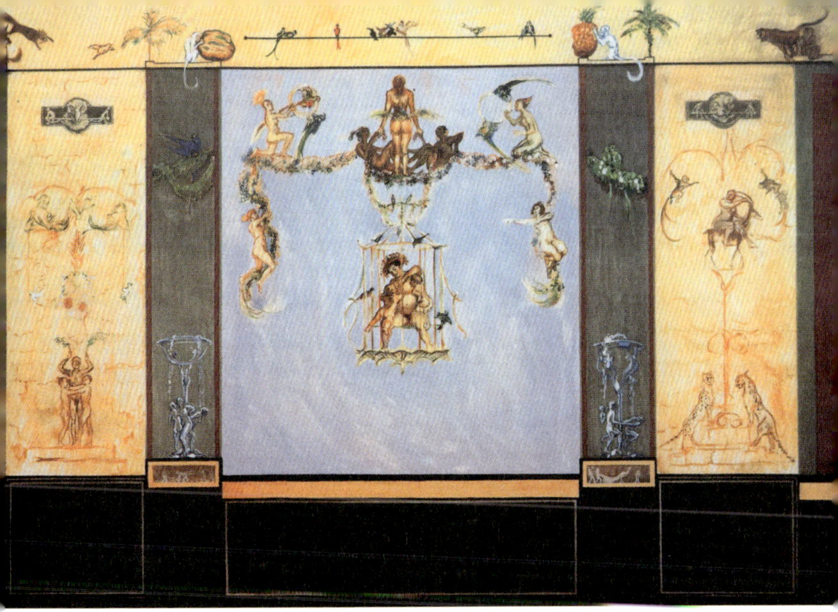

Mittelwand des Gartenpavillons im Garten von Guthmann, 1912, Kaseinfarben auf Putz, 340 × 480 cm, zerstört

links und rechts, so veränderte sich das Erscheinungsbild, denn auf plastisch anmutenden Sockeln erhoben sich je zwei große Gestalten, die Allegorien der vier Elemente. Mit seinen Bildfindungen trug Slevogt der Lage des Pavillons am Ende des Gartens bewusst Rechnung: Die Malerei der Hauptwand verlangte Abstand, sie sollte von außen wahrgenommen werden. Zugleich forderte sie durch die feingliedrige Bildsprache auf, einzutreten, um die Bilder auf den Seitenwänden und an der Decke zu bewundern, deren Szenen inhaltlich auf die Begebenheiten in Neu-Cladow anspielten.

GARTENBILDER UND EINE LÄNDLICHE VEDUTE

Slevogt muss sich in der Gesellschaft von Guthmann, seinem Lebenspartner Joachim Zimmermann und Gästen wie dem Pianisten Conrad Ansorge und der Schauspielerin Lucie Höflich wohlgefühlt haben, denn im Sommer 1912 kehrt er zurück und hält in einer Folge von neun Bildern ein Stück Berliner Kulturgeschichte fest. Abgesehen von mehreren Bildern vom Ufer an der Havel gilt sein Interesse dem farbenprächtigen Mittelpunkt von Neu-Cladow, dem Blumengarten, den Guthmann nach eigenen Vorstellungen gestaltet und durch die abgestufte Bepflanzung einem barocken Park angeglichen hat.

Blumengarten in Neu-Cladow I ist die erste von zwei Fassungen zum Bildthema. Vergleichsweise streng in der kompositorischen Anlage, beherrschen die angelegten Blumenrabatten und der schnurgerade in die Bildtiefe führende Weg das Blickfeld. Slevogt hebt die Symmetrie bewusst auf, indem er den Weg in die rechte Bildhälfte verlegt und mit dem Farbenmeer der Blumen links ein Gegengewicht schafft. Mit kürzeren oder längeren Strichen, mit Tupfen und wellenförmigen Linien ist die einzigartige Farbenpracht des Sommergartens wiedergegeben. Jenseits der Rabatten liegt die spiegelnde Fläche der Havel, und im Vordergrund posiert ein bläulich schimmernder Pfau. Dass dieser anfangs nicht zur Darstellung gehörte, geht aus dem amüsanten Bericht Guthmanns hervor: „Schon prangten die Farben im fetten Auftrag seines Pinsels, nur der breite Kiesweg war noch leer und harrte eines ‚Plus ultra': Man saß bei Tisch. Da kam die Kunde, der Pfau im Garten gehabe sich so wunderlich, als ob er es nicht mehr lange machen wolle. Slevogt stürzte aus dem Zimmer, ergriff Pinsel und Palette, um dem breiten Kiesweg im Bilde den vorgefassten Knalleffekt zu geben."

Neben den Gartenbildern, den Szenen am Wasser und einem Porträt von besagtem Pianisten Conrad Ansorge schenkt Slevogt auch dem oberhalb des Gartens gelegenen Landhaus sei-

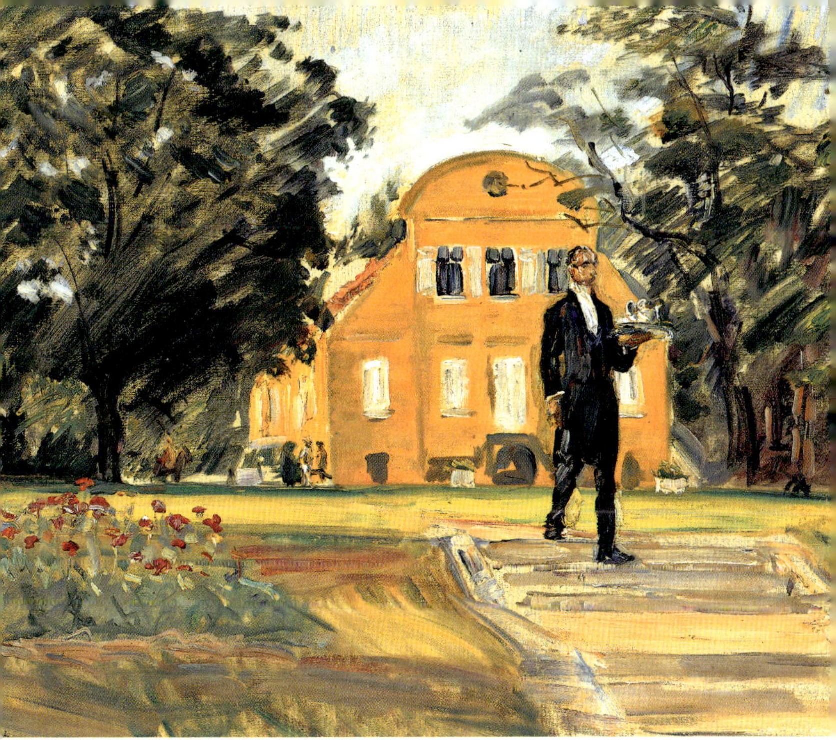

Diener auf der Terrasse in Neu-Cladow, 1912, Öl auf Leinwand, 66,4 × 81,7 cm

Nächste Doppelseite: **Blumengarten in Neu-Cladow I**, 1912, Öl auf Leinwand, 65 × 81 cm

ne künstlerische Aufmerksamkeit in dem Werk *Diener auf der Terrasse in Neu-Cladow*. Umgeben von altem Baumbestand, besticht die Villa durch einen halbkreisförmigen Abschluss der Fassade und durch eine doppelläufige Treppe. Der wichtigste farbliche Akzent des Bildes ist der ockergelbe Anstrich des Hauses. Wie zuvor schon beim Gartenbild erprobt, setzt er auch bei der ländlichen Vedute einen „Knalleffekt" ein, indem er einen livrierten Diener einfügt, der im Begriff ist, eine für den Betrachter unsichtbare Gesellschaft mit Tee oder Kaffee zu bewirten. Damit setzt er nicht den Hausherrn oder dessen illustre Gäste ins Bild, sondern das Personal, ohne dessen diskreten Service ein solches Anwesen nicht zu bewohnen wäre.

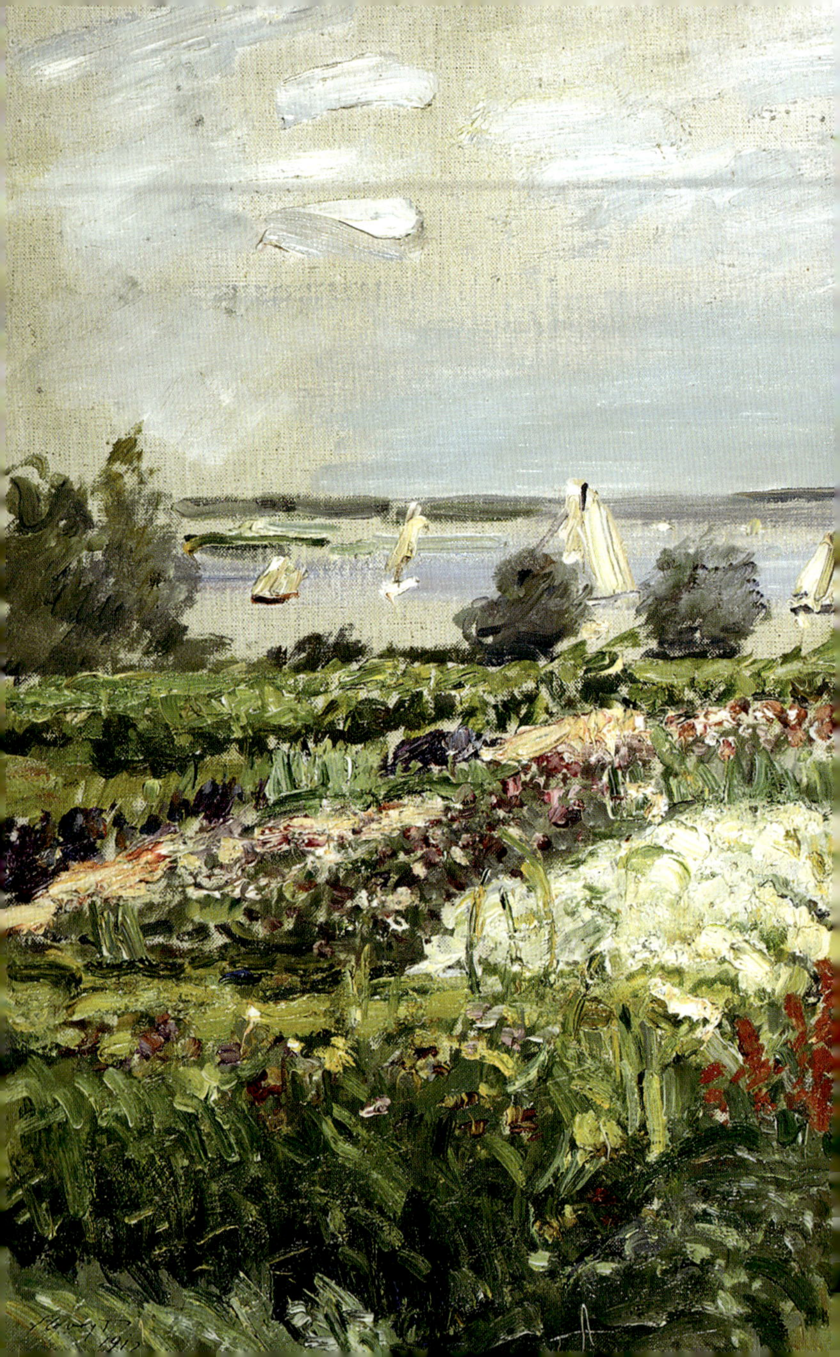

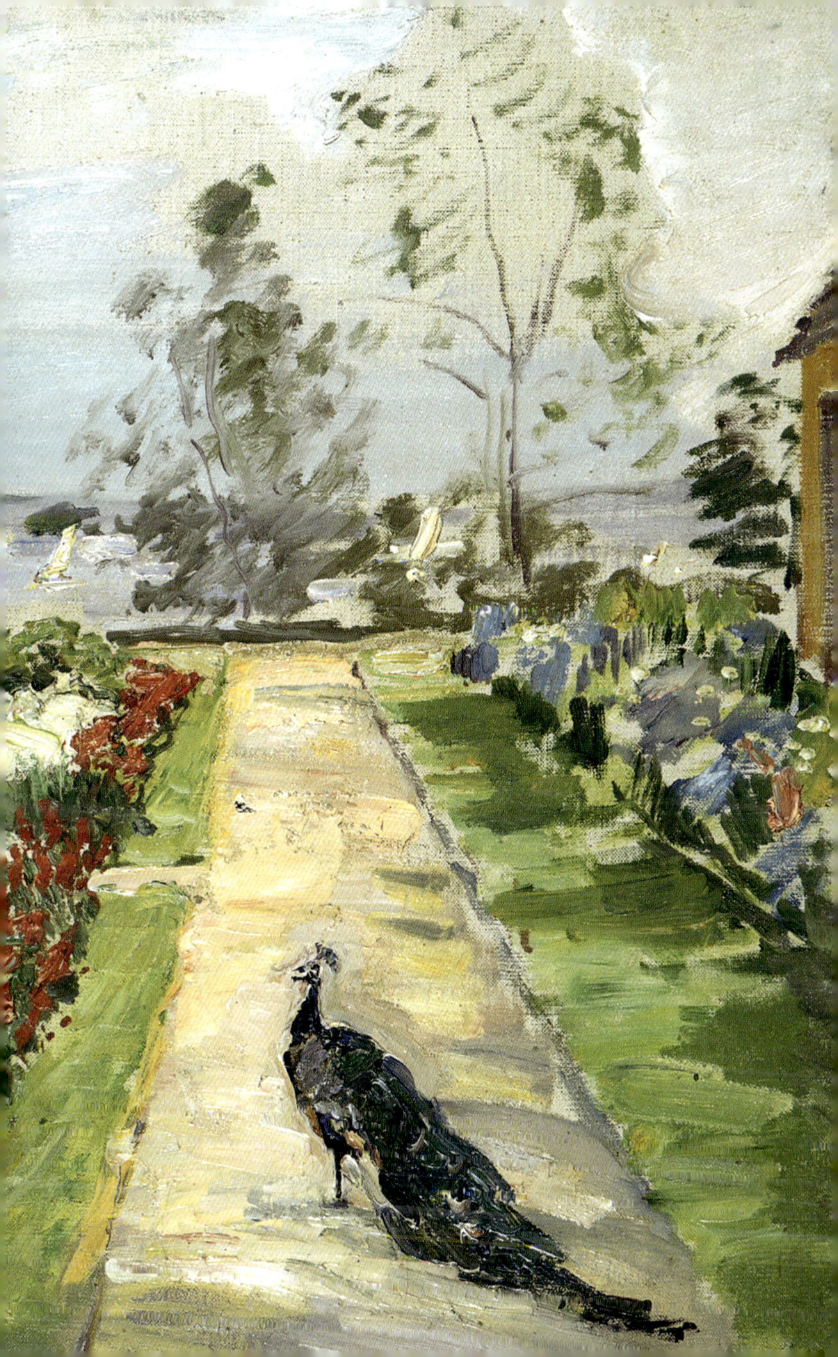

Ein Traum geht in Erfüllung – Die Reise nach Ägypten

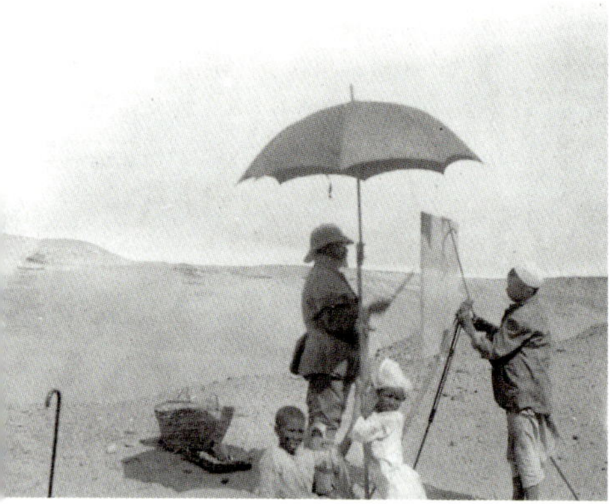

Max Slevogt beim Malen in der Wüste, 1914

Als Slevogt im Februar 1914 gemeinsam mit seinem Freund und Förderer Johannes Guthmann, dem Historiker Joachim Zimmermann und dem Journalisten und Sammler Eduard Fuchs für etwa sechs Wochen nach Ägypten aufbricht, geht für ihn ein lang gehegter Traum in Erfüllung. Auf Anraten seines Berliner Arztes Janos Plesch, der Slevogt im Hinblick auf seine angeschlagene Gesundheit das warme und trockene Klima in Nordafrika empfiehlt, vor allem aber aus Interesse an allem Orientalischen, begibt sich Slevogt mit zahlreichen Leinwänden und Malutensilien dorthin. „Er wollte immer nach Ägypten“, schreibt Plesch, „einzig und allein wegen des Phänomens, daß der Schatten in der Wüste manchmal heller scheint, als die beleuchteten Dinge.“ Slevogt folgt mit seiner Reise aber auch einem vorherrschenden Trend, der damaligen Sehnsucht nach dem Orient und allem Exotischen, wie an seinen Tänzerinnen-Darstellungen schon ersichtlich ist, aber auch an seinen Werken zu 1001 Nacht wie *Scheherazade* (1897) und den Illustrationen *Ali Baba* (1903) und *Sindbad, der Seefahrer* (1907). Guthmann beschwört treffend die Orientsehnsüchte der vier Reisenden: „Westöstliche und Diwan-Stimmung kommt über uns: wir wollen fort von dem, was unser war, wir wollen Neues, Fremdes, Wunderbares, wir wollen Ägypten und Afrika.“

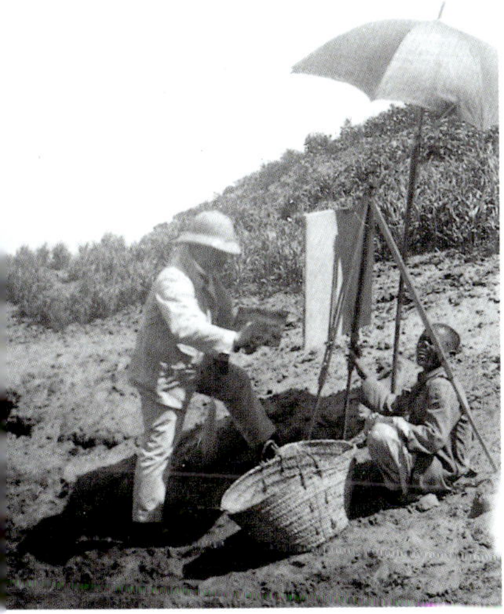

Max Slevogt, malend in Ägypten, 1914

Unter den vier Männern ergibt sich eine stillschweigende Verteilung der Aufgaben: Während Guthmann als einzig Kundiger die Reiseroute bestimmt, liefert Zimmermann die historischen Hintergründe der Altertümer, und Fuchs kümmert sich um alles Praktische: „Eduard Fuchs [...] war ein unerbittlicher Mann. Der guten Frau Slevogt fiel ein Stein vom Herzen, als man ihrer Sorgen mit dem Einfall begegnete, diesen Praktikus mitzunehmen. Für die Reisen, die Unterkünfte, Belehrungen aus dem Baedeker und manch anderes Schöne würden wir schon sorgen, der Jochen und ich, aber der Fuchs war ein brauchbarer und williger Mann von eigener Art, und begeistert, wie er für Slevogt war, der rechte Packesel, den der Meister brauchen konnte." So kann sich Slevogt ganz auf seine Malerei konzentrieren.

MALEN IM SCHAFFENSRAUSCH

Ziel der Reise sind das obere und untere Nildelta, die Städte Alexandria, Kairo, Edfu und Assuan, natürlich die Pyramiden von Gizeh, die Tempel von Karnak und Luxor. Diese Touristenattraktionen dienen Slevogt jedoch höchstens als Hintergrundmotive. Vielmehr interessieren ihn die Wüstenlandschaft, das Leben am Nil, die bescheidenen Behausungen der Menschen, ihre eigentümlichen Boote, aber auch das Treiben in den Gassen. Fasziniert von den extremen Lichtverhältnissen, den

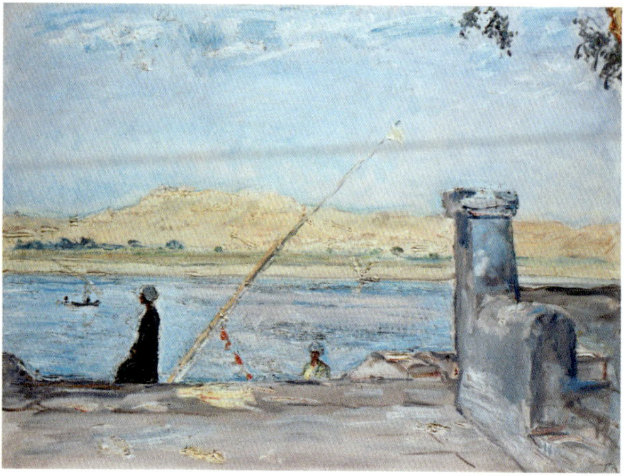

Morgen bei Luxor, 1914, Öl auf Leinwand, 73,5 × 95,5 cm

harten Kontrasten von Licht und Schatten und den intensiven Farben auf den Basaren, malt Slevogt wie im Schaffensrausch 21 Ölbilder, 25 Aquarelle und 22 Zeichnungen. Sein ohnehin schnelles Arbeitstempo erfährt während seiner Malexkursion eine nochmalige Steigerung. Die orientalische Exotik, das heiße Klima und die völlig andersartigen Farbwirkungen von Land, Stadt und Menschen unter gleißender Sonne haben seine Sinne aufs Äußerste geschärft. Trotz Hitze und Sandstürmen arbeitet er stets vor dem Motiv und stellt seine Bilder häufig nach nur zwei Stunden fertig: „Unter seinen Angriffen erzittert die Staffelei“, schreibt Guthmann. „Das Bild schlägt hin und her; es greift den Meister an und weicht ihm aus; das Malen wird Zweikampf, der Pinsel zum Florett. Um einigen Wind-

Die Gemälde aus Ägypten bedeuten eine ganze Epoche. Die Reihe der in Ägypten entstandenen Landschaften ist vielleicht das schönste Dokument des deutschen Freilicht-Impressionismus. Emil Waldmann über Max Slevogts Bilder aus Ägypten, 1915

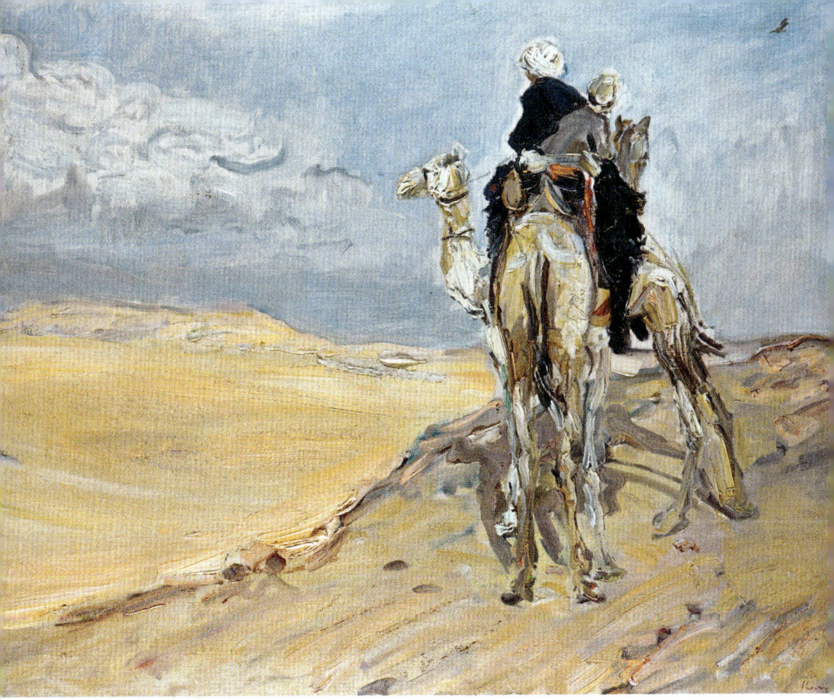

Sandsturm in der libyschen Wüste, 1914, Öl auf Leinwand, 73,5 × 95,5 cm

schutz zu schaffen, stehen zwei der kleinen Helfer mit einer gehaltenen Leinwand neben Slevogt. Ihn stört das nicht, ihn fördert's nicht: er malt." Immer wieder nimmt Slevogt auch die Menschen in den Blick, ihre schlanke, hochgewachsene Statur, ihre fremdartige Kleidung und ihr natürliches Eingebundensein in die Landschaft.

Zu den eindrucksvollsten Bildern der Ägyptenreise gehören zweifellos *Sandsturm in der libyschen Wüste* und *Morgen bei Luxor*. Abgesehen von ihrer intensiven Farbigkeit mit einem Akkord aus Blau und Gelb, legt Slevogt hier erstmals die klassische Farb- und Linearperspektive ab. Mit der Wahl der Bildausschnitte und dem Anschneiden eines Motivs sind die impressionistischen Bildmittel ausgereizt. Überstrahlte Sandflächen bilden von nun an einen nahezu homogenen Hintergrund, und eine groß ins Bild gestellte Figur oder ein Segelmast setzen vertikale oder diagonale Akzente. In der Kargheit der Landschaft gelingt Slevogt eine nochmalige Reduzierung und Verdichtung der Bildmittel, eine neue Ebene der Abstraktion, wie sie in den jüngsten pfälzischen Landschaften noch nicht möglich war. Gleiches gilt für die Basarbilder wie *Bazarstraße in Assuan I*, bei denen sich durch die extremen Lichtverhältnisse und das wechselnde Spiel zwischen Licht und Schatten die Gegenstände aufzulösen scheinen. „Man ist verwirrt", schreibt Guthmann, „und sucht aus den tausend vom Zufall hingestreuten bunten Flecken ein dauerndes Mosaikgemälde herauszulesen."

DIE ÄGYPTEN-BILDER ALS HÖHEPUNKT IMPRESSIONISTISCHER MALEREI

Am 26. März 1914, nach insgesamt 39 arbeitsreichen Tagen, begibt sich die Reisegesellschaft nach Alexandria, besteigt das Schiff und kehrt – mit Stationen in Syrakus, Brindisi, Neapel, Rom und Florenz – nach Deutschland zurück. Ermattet von den Strapazen der Reise, ist Slevogt sich bewusst, dass er mit den 21 Gemälden und 25 Aquarellen eine einzigartige Bilderfolge geschaffen hat, und berichtet seiner Frau: „Heute war der letzte Arbeitstag in Ägypten, u. da ich ja schon nichts mehr anderes bin als eine Malmaschine, die nur sieht, verdaut und wiedergibt, – u. auch die kräftigsten Maschinen verbraucht werden, so habe ich heute Nachmittag Schluß gemacht. [...] es war erfolgreich für mich, u. ich hoffe, Du wirst staunen, was concentrirte Energie in so kurzer Zeit alles arbeiten kann." Die Ägypten-Bilder sind Steigerung und Schlusspunkt von Slevogts zweiter Periode der Landschaftsmalerei, die er in der Pfalz, vor allem in den dortigen Steinbrüchen und Kalk-

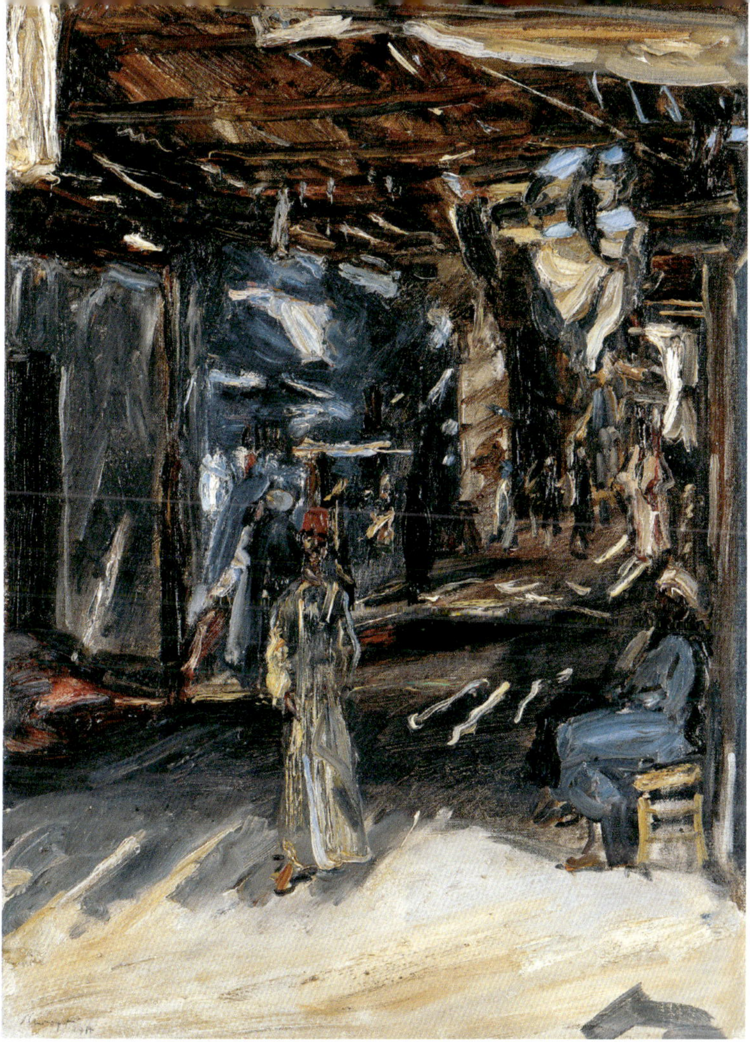

Bazarstraße in Assuan I, 1914, Öl auf Leinwand, 77 × 56 cm

gruben, und in Hamburg stets weiterentwickelt hat. Die licht erfüllten Bilder dokumentieren seine vollständige Identifikation mit dem Augenblick und sind Meisterwerke der deutschen Malerei des Impressionismus.

Slevogt im Ersten Weltkrieg

Nur wenige Monate nach der Rückkehr aus Ägypten holt Slevogt in Deutschland die harte Realität ein, denn am 1. August 1914 bricht der Erste Weltkrieg aus. Wie die Mehrheit der deutschen Bevölkerung und viele seiner Künstlerkollegen ist auch Slevogt der anfänglichen Kriegseuphorie erlegen. Weniger in Erinnerung an seinen Vater, den schneidigen Militär, als vielmehr aus dem Gefühl heraus, einen Beitrag für sein Land leisten zu wollen, meldet er sich als Kriegsmaler für die Front, obwohl er aufgrund seiner chronischen Gichtanfälle als untauglich eingestuft wird. Er muss sich um seine Einberufung regelrecht bemühen: „Der ‚furor teutonicus' hat sich eben bei mir auf den ‚furor pingendi' geschlagen, u. dafür möchte ich alle möglichen Opfer bringen [...]", schreibt er am 1. September an seinen Freund Johannes Sievers. An seinem 47. Geburtstag, am 8. Oktober 1914, erhält er endlich die Einberufung zur Bayerischen 6. Armee: „Ich bin nun endlich auf dem Weg zum Kriegsschauplatz, als Schlachtenmaler, nach langen Mühen [...] hat mein Gesuch endlich Erfolg gehabt." Slevogt ist insgesamt nur drei Wochen an der Front; der kurze Einsatz reicht aber, um seine anfängliche Begeisterung in Abscheu und Ablehnung des Krieges zu verwandeln.

Weiter nach dem Dorf Ennetières, gestern Abend genommen, von 3 Seiten beschossen, unglaublich, zersiebt, entsetzlich – die ersten toten Engländer, Puppen, ganz schlechte, – schmutziger Eindruck, Hohn auf alles Große, [...] grässlich – wie alberne kindische Drecksfiguren, und so entsetzlich zugerichtet! – und auf dem Platz Halt, aquarelliere ich mit Widerstreben und ganz entnervt die Toten.

Max Slevogt in einem Brief an seine Frau, 21. Oktober 1914

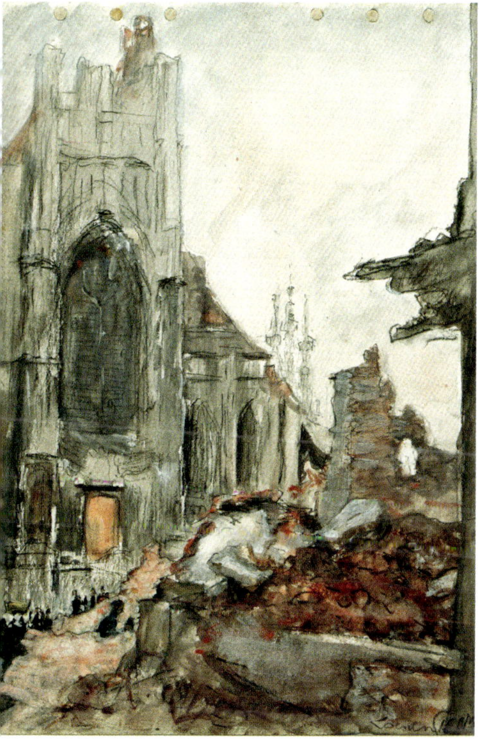

Die Kathedrale von Löwen, 1914, Aquarell und Bleistift, 28 × 21 cm

DER KRIEGS-CHRONIST

Kaum eine Zeitspanne ist derart gut dokumentiert wie Slevogts Kriegseinsatz. In den knapp drei Wochen führt er ein geschriebenes, überwiegend aber gezeichnetes Tagebuch, in das er mit Kreide, Bleistift oder mit Aquarellfarben seine Eindrücke unmittelbar „niederschreibt". Die Mehrzahl dieser Blätter veröffentlicht er 1917 in dem von Bruno Cassirer verlegten Kriegstagebuch. Im Vorwort schreibt Slevogt: „Im Banne der Verwüstung vermögen wir noch die Verstümmelung von Häusern, Bäumen stimmungsvoll, vielleicht sogar reizvoll, auch darstellbar empfinden, nicht so den verstümmelten Menschen, den Kadaver." Nur wenige Werke sind tatsächlich von trauriger Thematik; die Mehrzahl seiner Zeichnungen haben den Charakter von ansprechenden, farblich ausgewogenen Notizen, etwa das Aquarell *Die Kathedrale von Löwen.* Während Schuttmengen im Vordergrund von Tod und Zerstörung zeugen, ist die zarte Farbgebung in Grün, Türkis und Rot durchaus reizvoll. Wenn Slevogt den allgegenwärtigen Tod thematisiert, dann oft nur dezent, wie in der Stadtansicht *Notbrücke über die Maas,* in der nur vergleichsweise klein zwei Särge im

> Die Kriegserlebnisse, die er begleitet hat, haben seinen künstlerischen Impetus nicht befeuert. Was seine Augen zu sehen bekamen, war Zerstörung, Untergang und das Vergehen der schönen Welt, die er so geliebt.
>
> Johannes Guthmann, 1948

Hintergrund integriert sind. Nur ein einziges Mal stellt Slevogt den Tod drastisch dar: Das in Kreide und Aquarell ausgeführte Blatt *Gefallener Engländer* zeigt einen auf dem Bauch liegenden Soldaten, verdreht, mit geschlossenen Augen und in einer Lache von Blut liegend.

FLUCHT UND VERARBEITUNG DER KRIEGSERLEBNISSE

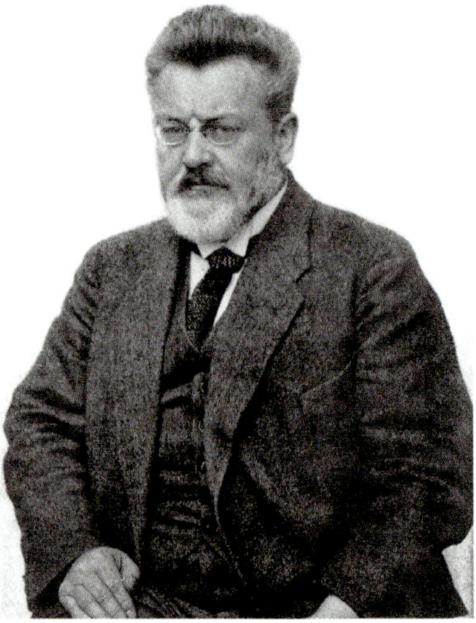

Max Slevogt in einer Porträtaufnahme von Hugo Erfurth, 1921

In den knapp drei Wochen schreibt und zeichnet Slevogt unermüdlich. Während er die Geschehnisse zu Anfang noch mit dem geschärften Auge eines Malers verfolgt – die vom Artilleriefeuer gelb gefärbte Luft erinnert ihn sogar an Monet –, erlebt er am 21. Oktober in Ennetières einen Großangriff, und seine Begeisterung ist verflogen. Wenige Tage später hat er die Wende endgültig vollzogen: „Mir ist schwindelig und schlecht. Unbefriedigter, zerrissener Eindruck, dazu das Gefühl, ob es Sinn hat, sich dem Zufall in den Weg zu stellen." Von nun an prägen Ekel und Verzweiflung seinen Zustand, und sein Wunsch, in die Pfalz zurückzukehren,

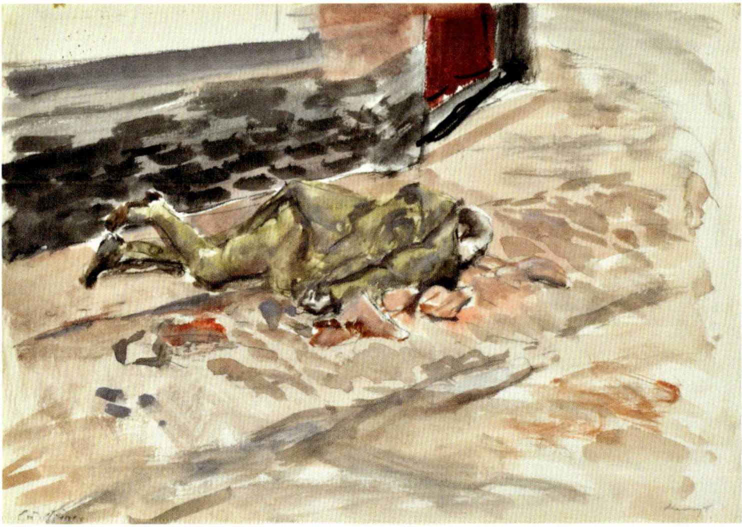

Gefallener Engländer, 1914, Kreide und Aquarell, 20 × 29 cm

wird stärker. Nachdem er einige Tage auf seine Entlassung warten muss, schreibt er am 2. November erleichtert: „Allerseelen, ich fliehe."

Im Unterschied zu Otto Dix, Max Beckmann oder Gert Wollheim hat Slevogt das Glück, nur wenige Wochen an der Front gewesen zu sein und das auch „nur" als Kriegsmaler. Dennoch haben ihn die Erlebnisse derart mitgenommen, dass er zunächst nicht in der Lage ist, zu arbeiten. Erst die Aufforderung von Paul Cassirer und Leo Kestenberg, für ihre neu gegründete Zeitschrift *Der Bildermann* eine Grafikfolge beizusteuern, ermöglicht es ihm, seine Kriegserfahrungen bildlich umzusetzen. Außer Slevogt arbeiten auch Ernst Barlach, Käthe Kollwitz, August Gaul, Heinrich Zille, Ernst Ludwig Kirchner und Oskar Kokoschka an der Zeitschrift mit, nur wenigen gelingen jedoch vergleichbar erschütternde und in ihrer Drastik abstoßendere Darstellungen wie Slevogt.

Vor allem die 1916 entstandene Grafikfolge *Symbole der Zeit* vermittelt einen beängstigenden Eindruck vom Wahnsinn des Krieges. Während mehrere Blätter darauf abzielen, dass im Tod und in der Trauer alle Menschen gleich sind, ist das *Blatt IX* der vielleicht schonungsloseste Ausdruck vom Irrsinn des Krieges. Völlig anders als etwa die dokumentarischen Blätter eines Otto Dix nimmt Slevogt in seinen Darstellungen eine distanziertere Haltung ein und arbeitet mit den Mitteln der Satire. Im *Blatt IX* der genannten Folge dient eine Granate als Fernrohr, ein abgetrenntes Bein wird zum Gewehr, und eine Furie mit krallenartigen Händen schlägt anfeuernd die Trommel. Dieser Grafikfolge misst Slevogt eine derart große Bedeutung bei, dass er sie nach Einstellung des *Bildermanns* 1917 trotz finanziellen Risikos im Selbstverlag herausgibt.

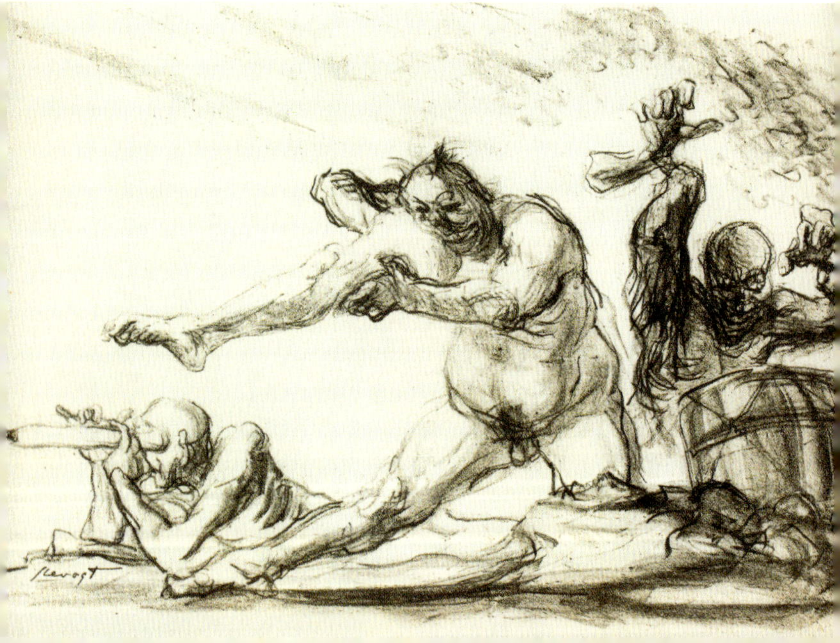

Es ist aber wieder ruhig geworden, u. nur die durchkommenden Rothosen erinnern an die großen Ereignisse draußen – u. die vielen Verwundeten. [...] Mir ist es z. Zt. nicht möglich zu zeichnen oder zu malen! [...] Über all das Furchtbare erhebt sich ein stolzer Einheitszug, der, wenn wir überleben, doch auch in der Kunst seinen Ausdruck finden muß [...].

Max Slevogt an Bruno Cassirer, 2. September 1914

Blatt IX aus der Serie
Symbole der Zeit, 1916

Der Freund und Verleger Bruno Cassirer

Noch während seiner Münchener Zeit lernt Slevogt die Vettern Paul und Bruno Cassirer kennen. Beiden kommt das Verdienst zu, Slevogt entdeckt und gefördert zu haben. Schon in München sind sie vom Talent und den Entwicklungsmöglichkeiten des zunächst so gescholtenen Slevogt überzeugt. Während Paul Cassirer den Maler schon 1899 unter Vertrag nimmt, versucht Bruno Cassirer ihn zu überzeugen, nach Berlin zu siedeln, wie Briefe belegen.

Der aus Breslau stammende Bruno Cassirer (1872–1941) studiert zunächst Kunstgeschichte in Berlin und München. Als er 1894 in Paris bei der Galerie Durand-Ruel zum ersten Mal Bilder von Manet sieht, ist dies für sein weiteres Leben entscheidend. 1897 eröffnen er und Paul gemeinsam den Salon und Verlag und werden Sekretäre der soeben ins Leben gerufenen Berliner Secession. Nach der geschäftlichen Trennung von Paul gründet Bruno in Berlin den Bruno Cassirer Verlag. Unter anderem gibt er die Werke des Philosophen Hermann Cohen heraus, veröffentlicht Gesamtausgaben von Leo Tolstoi und Immanuel Kant sowie Monografien zum Expressionismus. 1903 gründet er die Zeitschrift *Kunst und Künstler*, die zu den herausragen-

Max Slevogt: **Porträt von Bruno Cassirer**, 1911, Öl auf Holz, 41 × 31,5 cm

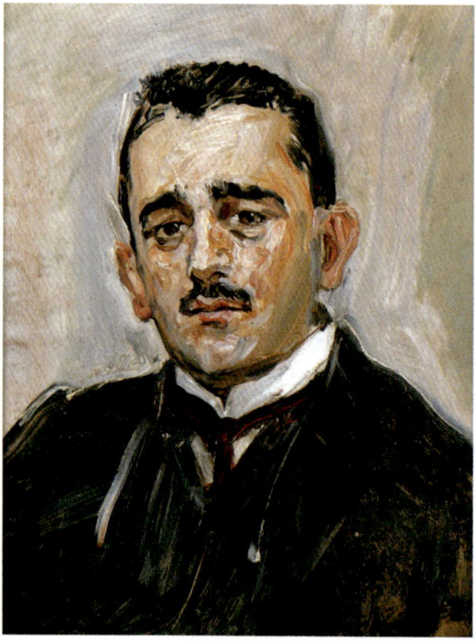

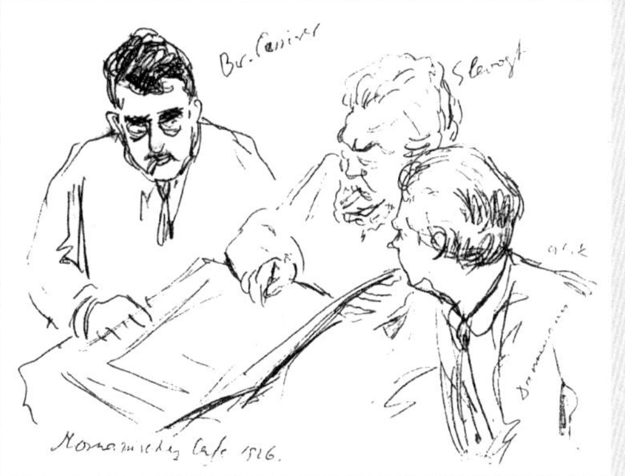

Emil Orlik:
Bruno Cassirer, Max Slevogt und Hans Dammann im Romanischen Café,
1926, Zeichnung

den Magazinen der modernen Kunstkritik gehört und für den Ruhm des Verlagshauses sorgt. Wie ihr Chefredakteur Karl Scheffler schreibt, ist Bruno Cassirer „[...] wie alle Begabten kein bequemer Mensch. Seine ruhige, phlegmatisch erscheinende Besonnenheit, sein Zögern und oftmals langes Überlegen, sein kurzes, witziges Sprechen verbirgt oft heftige Emotionen. Er leidet an sich selbst, doch ist er in der Lage, dieses Leiden produktiv zu machen. Das Kaufmännische liegt ihm nicht, er ist eine künstlerische Natur." Als die Lage für die Juden im faschistischen Deutschland immer bedrohlicher wird, muss Cassirer mit seiner Familie nach England fliehen, wo er 1941 überraschend verstirbt.

Cassirer besitzt für Slevogts Grafik die Gesamtrechte und gibt schon 1903 sein erstes illustriertes Werk *Ali Baba* heraus. Bei der Gestaltung von Text und Bild beschreitet der ungewöhnlich aufgeschlossene Verleger völlig neue Wege und wagt, wie Slevogt lobt, „[...] von der klar festgelegten Form des geforderten, gut illustrierten Buches abzuweichen, um einer grundsätzlich anderen Gattung öffentlich Raum zu geben." Bruno Cassirers ganzes Streben gilt dem „bibliophilen, schön gedruckten und ästhetisch gebundenen Buch".

Rückzug in die Pfalz – Isolation und Trauer

Während des Ersten Weltkriegs und in den Jahren danach gerät Slevogt in eine persönliche Krise. Bedingt durch die französische Besetzung der Pfalz sind ihm nicht nur die Ausreise und das Malen für kurze Zeit verboten. Wegen der eingeschränkten Post kann er auch bei seinen Berliner Verlegern und Auftraggebern praktisch nichts ausrichten.

Wir sind durch die westlichen Ereignisse tief herabgedrückt. Es ist doch eigen – am Abend Ihrer Abreise hatten wir wieder akustische Störungen vom Luftkampf bei Saarbrücken. Ich fange an, mir ernstlich Vorwürfe über m. Untätigkeit zu machen.

Max Slevogt an Johannes Guthmann, 7. August 1918

Hinzu kommt die Trauer um Freunde und Verwandte: Anfang 1917 fällt sein „lieber Freund von Wenniger" in Rumänien. Im selben Jahr versterben Slevogts Schwiegermutter Johanna Finkler sowie enge Freunde, der Maler und Weggefährte aus Münchener Studienjahren Wilhelm Trübner, der ihm eng verbundene Kunsthistoriker und erste Fürsprecher Karl Voll und 1921 auch der Sänger und Freund Francisco d'Andrade. In dieser Stimmung entsteht 1918/19 sein wohl eindringlichstes Selbstporträt, das *Selbstbildnis auf der Terrasse von Neukastel*. Mit zerknittertem Jackett und lose gebundener Krawatte steht Slevogt auf der Terrasse seines Gutshofs. Der Ausblick über die Rheinebene erscheint nicht wie früher in strahlenden Farben des Spätsommers, sondern hat eine ungewöhnlich triste, graue Färbung angenommen. Vor dem farblosen Himmel zeichnet sich eine Stromleitung mit Schwalben ab, welche im Zusammenhang mit dem Porträt als Symbole des Festgehalten-

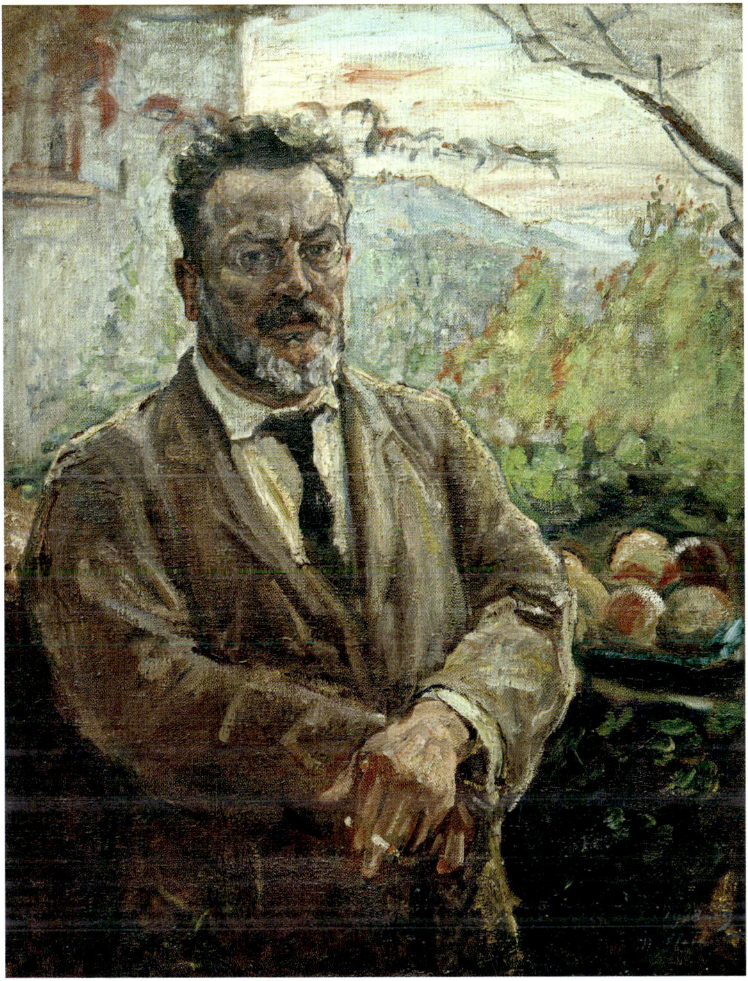

Selbstbildnis auf der Terrasse von Neukastel, 1918/19, Öl auf Leinwand, 95,5 × 75,5 cm

werdens zu deuten sind. Das eindrücklichste Motiv sind aber die aufeinandergelegten, wie gefesselt wirkenden Hände des Malers, die noch klarer als die zerfurchte Stirn und der sorgenvolle Blick die erzwungene Untätigkeit offenbaren.

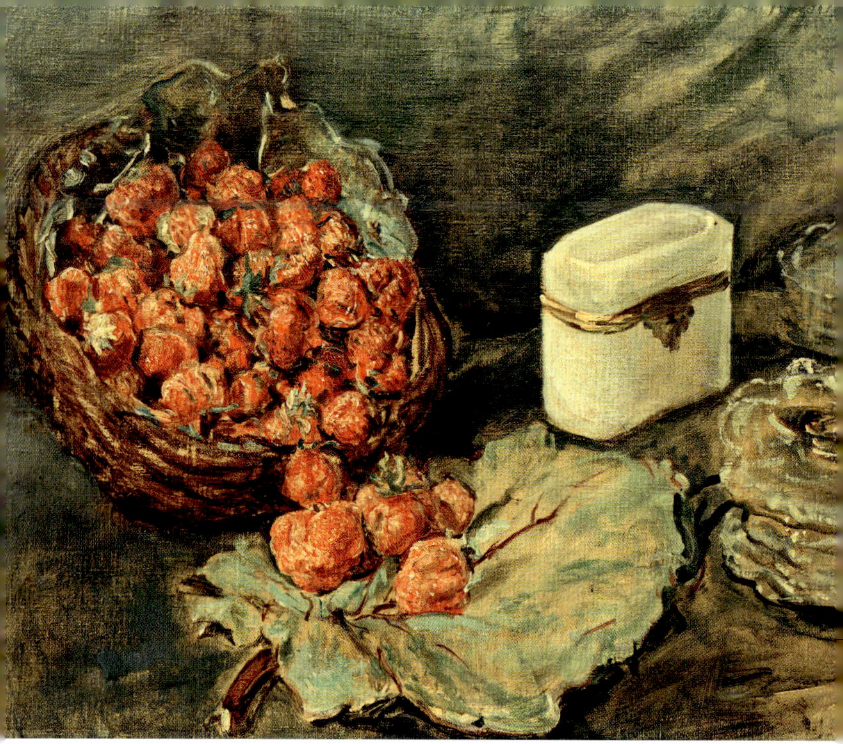

Erdbeeren und Zuckerdose, 1925, Öl auf Leinwand, 62,5 × 75,8 cm

Slevogt wäre aber nicht er selbst, wenn er nicht schon bald neue Betätigungsfelder für sich gefunden hätte. Abgesehen von mehreren grafischen Folgen, etwa den Randzeichnungen zu Mozarts *Zauberflöte*, den Federlithografien zu Ferdinand Cortez' *Eroberung Mexikos* (1918/19) und den Radierungen für die 1922/23 fertiggestellte *Passion*, wird die Stilllebenmalerei zum wichtigen privaten Bildthema. Hierfür benötigt er weder ein großes Atelier noch einen Auftraggeber. In rascher Folge malt er spannungsreiche und farbenprächtige Konstellationen aus Früchten, Erzeugnissen des Gemüsegartens und erlegtem Wild – denn Slevogt ist auch ein leidenschaftlicher Jäger. Es entstehen Stillleben, die eine bestimmte Jahreszeit, einen Fest-tag oder die Zutaten zu einer bestimmten Speise darstellen.

Max Slevogt mit Tochter Nina, Frau Nini und Sohn Wolfgang in Neukastel, um 1925

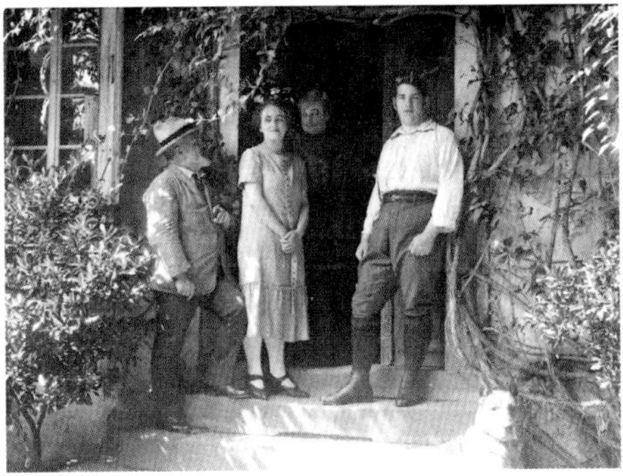

Ein gelungenes Beispiel dieser eigenen Art von „Rezeptstillleben" ist das Berliner Bild *Stillleben mit Zitronen* von 1921, welches durch die Darstellung von Wasser, einer Zitrone und Zucker eine sommerliche Limonade assoziieren lässt. Wie aus zahlreichen Briefen von Slevogt und den Erzählungen seiner Zeitgenossen hervorgeht, ist er ein Genussmensch, der feine Speisen und gute Weine schätzt und bei der Gestaltung von Menükarten gerne seiner Fantasie freien Lauf lässt.

Ein herausragendes Beispiel seiner späten Stilllebenkunst ist auch das 1925 entstandene Bild *Erdbeeren und Zuckerdose*, das durch den Einbezug eines Rhabarberblattes im Mai entstanden sein dürfte. Auch hier klingt die Zubereitung der Früchte an, denn Slevogt ergänzt den Korb voller Erdbeeren mit Zucker in einer weißen Dose, den man benötigen würde, um die Früchte in den Glasschalen rechts zu servieren. Farblich spielt er den Kontrast von Grün und Rot aus, der durch Weiß und Grau gemildert wird. Mit sparsamen koloristischen Mitteln und dünnem Farbauftrag kreiert er hier eine elegante, kühle Farbstimmung. In der überzeugenden Übereinstimmung von schlichtem Motiv, einfacher Komposition und sparsamer Farbigkeit offenbart Slevogt auch im Spätwerk seine Auseinandersetzung mit Manet, der schon 1882 einen Korb voller Erdbeeren zum alleinigen Motiv erhob.

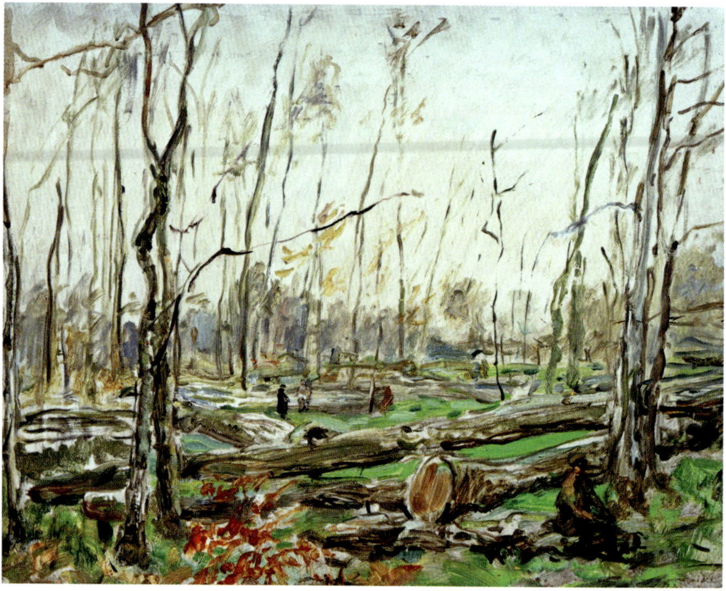

Gefällte Eichen im Bienwald, 1924, Öl auf Holz, 54,8 × 62,2 cm

Die bildlich letzte Erinnerung an die Folgen des Ersten Weltkriegs ist das für Slevogt ungewöhnlich triste Landschaftsbild *Gefällte Eichen im Bienwald* von 1924.

Hierfür reist er in ein Gebiet zwischen Pfälzer Wald und Nordvogesen, wo die französische Besatzungsbehörde weite Teile des wertvollen Eichenbestandes als Reparationsleistung abholzen lässt. Joachim Zimmermann begleitet Slevogt auf dieser Reise und beschreibt ihrer beider Eindruck: „Als mich gegen Ende des Jahres ein kurzer Besuch zu den Pfälzer Freunden führte, war bereits ein Teil dieser herrlichen Naturwunder niedergestreckt. [...] Ergriffen von solcher Kraftgewalt hat vor Jahresfrist der Wahl-Pfälzer Slevogt ein schmerzlich bedeutungsvolles Bild geschaffen, dem er die Worte Heines zu Grunde legte: ‚Ich hatte einst ein schönes Vaterland'." Mit sparsamen

Mitteln, einem dünnflüssigen Farbauftrag und einer Palette aus fahlem Grau, Braun und Grün entwirft Slevogt ein Bild der Naturzerstörung, das in seiner ansonsten so heiteren Landschaftsmalerei keine Parallelen hat. Dennoch kann er der offenbar andauernden Rodung einen gewissen malerischen Reiz abgewinnen. Gerahmt von zwei schlanken Stämmen links und rechts fällt der Blick auf den Waldboden, auf dem bis an den Horizont verteilt gewaltige Baumstämme liegen. Losgelöst von der Landschaftsdarstellung, entsteht so ein Liniengerüst aus zarten vertikalen und dominanten waagerechten, beziehungsweise diagonalen Pinselzügen, die das Bild – genauso wie das frische Grün des Waldbodens – beleben.

Nach der Isolation während und nach dem Ersten Weltkrieg ist Slevogt froh, 1920 wieder nach Berlin reisen zu können. Bereits am 25. April 1917 zum Leiter des Meisterateliers für Malerei ernannt, kann er erst jetzt dort arbeiten. Er wird geehrt mit einer ersten Ausstellung in der Freien Secession und nimmt wieder Kontakt zu Bruno Cassirer und den zwei Begleiter seiner Ägyptenreise, Guthmann und Zimmermann, auf. „Ich finde immer noch“, schreibt er 1922, „dass man in einer großen Stadt wie Berlin am freiesten ist […].“

Die Erlebnisse draußen in Frankreich und Flandern hatten seine Blicke erstarren lassen […].

Johannes Guthmann, 1948

Mit Fantasie und Schöpferlaune – Slevogts grafisches Schaffen

„Sein Zeichnen war wie ein Schreiben", charakterisiert Karl Scheffler das grafische Schaffen von Slevogt. Dieser notiert nicht seine Gedanken, sondern bringt sie als Bilder zu Papier und erweckt sie damit zum Leben. Slevogts unerschöpfliche Vorstellungskraft und Fantasie kommen so nur in der Grafik zum Ausdruck. Seine Bilderfindungen sind meistens heiter, zuweilen aber auch ironisch, skurril, oder gar beängstigend und grausam. Nie vermitteln sie den Eindruck, das Ergebnis eines anstrengenden und langwierigen Denkprozesses zu sein – im Gegenteil, alles sprüht vor Lebendigkeit und Energie, sodass sich beim Betrachten das Gefühl einstellt, alle Gestalten und Tiere wären unmittelbar aus der Feder des Meisters geflossen.

Max Slevogt zeichnend in Berlin, neben ihm sein Sohn Wolfgang, um 1930

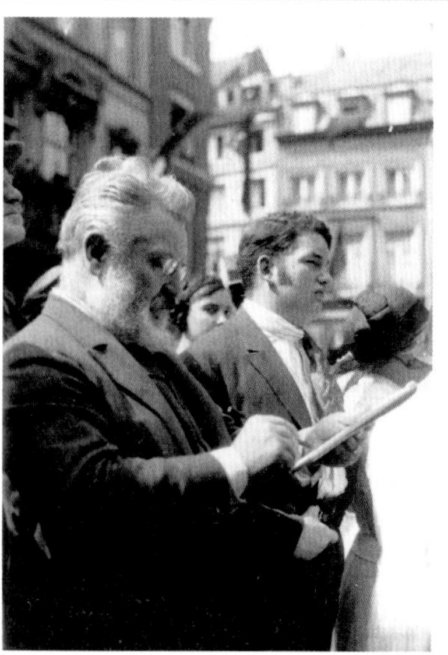

Mit der Übersiedlung von München nach Berlin 1901 setzt Slevogts grafisches Schaffen erst richtig ein. Die Radierung, vor allem aber die Lithografie, wird neben der Malerei zum wichtigsten Ausdrucksmittel. Speziell die **Kreidelithografie*** führt er durch Ausreizung aller technischen Möglichkeiten zu neuer Meisterschaft. In diesem bevorzugten Medium kann er Schnelligkeit und Spontaneität ausleben. Schnell entwickelt er sich zu einem

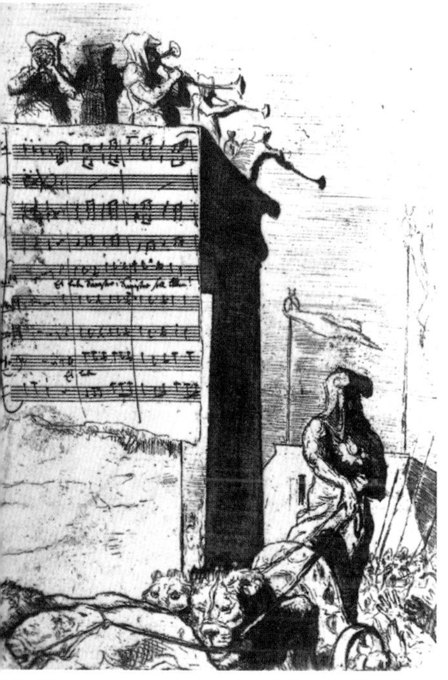

Max Slevogt: Randzeichnung
zu Mozarts *Zauberflöte*

der besten Grafiker seiner Zeit, hierin sind sich die Kritiker einig. Wenn Julius Meier-Graefe schreibt, dass Slevogts „Illustrationen ihm für alle Zeit eine seltene Stellung sichern", meint er damit weniger die Anzahl von etwa 2100 erfassten Grafiken, sondern vielmehr den Erfindungsreichtum und die verkürzte und höchst fortschrittliche Abbreviatur seiner Schöpfungen. Wie kein anderer Künstler seiner Zeit prägt Slevogt die Entwicklung der neuen Buchkunst. Von *Ali Baba* (1903) bis zu den Illustrationen zu Goethes *Faust II* (1927) begleitet und interpretiert er über 60 Bücher, von denen die *Lederstrumpf*-Erzählungen (1909) und die Randzeichnungen zu Mozarts *Zauberflöte* (1917/18) zu den Höhepunkten impressionistischer Buchillustration in Deutschland gehören. Die bei Illustrationen oft problematische Verbindung von Text und Bild löst Slevogt bei seinen Randzeichnungen höchst innovativ: So überträgt er einzelne Notenhandschriften fototechnisch auf Kupferplatten und verbindet sie wie Bildelemente mit eigenen Radierungen. Kongenial durchdringen sich so die Handschriften von Musiker und Zeichner.

Späte Ehrung 1928 und das Ende in Neukastel

Am 8. Oktober 1928 wird Slevogt 60 Jahre alt. Aus diesem Anlass richtet ihm die Preußische Akademie der Künste, deren Mitglied er seit 1914 ist, die bis dahin größte Ausstellung aus. Gemeinsam mit seinem Freund und Verleger Bruno Cassirer wählt Slevogt hierfür 164 Gemälde und 76 Aquarelle, Pastelle und Zeichnungen aus allen seinen Schaffensphasen aus. Parallel dazu zeigt das Kupferstichkabinett 204 grafische Arbeiten, die „wie bei kaum einem anderen Künstler unserer Zeit so untrennbar mit seinem malerischen Schaffen verbunden sind". Für den reich bebilderten Katalog bittet der Präsident der Akademie, Max Liebermann, Slevogt um ein Vorwort, in dem sich dieser erstmals eindeutig zum Impressionismus bekennt: „Das Auge ist kein Instrument, kein Spiegel – es ist eine lebendige Weiterleitung in unserem Organismus." Aus heutiger Sicht hat sich Slevogt mit diesen Zeilen selbst keinen Gefallen getan, verengen sie doch den Blick auf den Maler und Grafiker Slevogt, der im Unterschied zu vielen seiner Zeitgenossen weit mehr als nur ein Impressionist ist.

> Wer schon im Leben nicht das Farbige sieht, sieht ja ein Bild gar nicht, was impressionistisch gemalt ist.
>
> Max Slevogt, 1928

„WIEDERSEHEN MIT ALTEN BEKANNTEN"

Dies spiegelt die Vielfalt der Gattungen und Techniken in allen Schaffensphasen, welche auf der Ausstellung repräsentiert sind, darunter Hauptwerke wie die *Danaë* (S. 17), einige Frankfurter Zoobilder, Künstlerrollenporträts wie *Der weiße d'Andrade* (S. 29), *Der schwarze d'Andrade* oder *Anna Pawlowa als Bajadere* (S. 35) und Bilder der Ägyptenreise. Ergänzt wird die Ausstellung durch die Bildnisbüste Slevogts von Fritz Klimsch und einigen Vitrinen mit Mappenwerken. Im Unterschied zum chronologisch aufgebauten Katalog erscheint die gut dokumentierte Hängung in vieler Hinsicht überraschend: So befinden sich in Saal 1 das frühe *Selbstbildnis mit Judith* (1898), das *Familienbild* von 1911, die 1914 entstandene Ägypten-Folge, aber auch das späte *Porträt von Otto Scharff* von 1926. Auf die künstlerische Entwicklung und die Themenreihen wird offenbar keinen Wert gelegt; vielmehr spielen das Format, die Technik und die farbliche Wirkung eine Rolle.

GICHTANFÄLLE, KURAUFENTHALTE UND DIE BEHERRSCHUNG GROSSER FLÄCHEN

Slevogt hat seit Jahren mit Gicht und schweren Gelenkschmerzen zu kämpfen. Immer wieder muss er für mehrere Wochen pausieren und das Bett hüten. Mitte der 1920er-Jahre verschlimmern sich die Beschwerden, und immer häufiger sucht er Linderung bei Kuraufenthalten, die ihn nach Bad Nauheim, Bad Kissingen, Marienbad und nach Aachen führen. Verursachend sind auch die körperlich anstrengenden Wandmalereien, die ihn, ähnlich wie die Ausführung von Bühnenbildern, künstlerisch reizen, in physischer Hinsicht aber eine Herausforderung sind. 1924 malt er den Pavillon seines Berliner Arztes János Plesch mit Wüstenszenen aus, nur zwei Jahre später beauftragt ihn der jüdische Bankier und Sammler Hugo Simon mit der Ausschmückung eines Gartensaales, und 1927 führt er im Bremer Ratskeller Fresken zu den „Bremer Stadtmusikanten" aus. Die Sgraffiti-Bilder, die er im Juli 1928 für die Gaststätte Berliner Kindl vollendet, „bezahlt" er mit sieben Wochen Krankheit. Seinem Freund Guthmann berichtet er: „Um meinen Geburtstag herum stand es recht schlecht mit mir [...]. Plesch hat mich nun wirklich wieder aufgepäppelt, u. von gewissen Molesten abgesehen, zu treuen Lebensbegleitern, – muss ich zufrieden sein, dass ich arbeiten kann." Angeregt durch die eigenen Wandmalereien, fährt er nicht nur nach Würzburg, hier in erster Linie zu den Fresken von Tiepolo, sondern 1929 auch in die Stadt von Veronese und Tintoretto nach Venedig, „u. so darf ich hoffen, dass der Motor dann wieder besser läuft".

RÜCKZUG NACH NEUKASTEL UND LETZTE „PFÄLZISCHE SCHLECKEREIEN"

Nach der Isolierung während des Ersten Weltkriegs ist Slevogt dankbar, wieder nach Berlin zu kommen, Aufträge in Dresden und Bremen annehmen und auch wieder reisen zu können, etwa 1923 mit Leo Lewin auf die Nordseeinsel Norderney. Dennoch wird Neukastel mehr und mehr zum Rückzugsort und Erstwohnsitz. Seit er das ehemalige Weingut sein eigen nennt, lässt er 1922/23 einen Erweiterungsbau errichten, beginnt mit der Ausmalung der neuen Räume und versieht die umliegenden Gärten mit Skulpturen. Slevogts Musikbegeisterung und seine vertieften Kenntnisse der Werke von Mozart und Richard Wagner machen ihn zu deren genialem künstlerischem Interpreten. Mit den Erfahrungen, die er in der Technik der Wandmalerei bereits 1911 in Guthmanns Gartenpavillon und erst zu Beginn des Jahres auf dem Anwesen seines Berliner Arztes János Plesch gesammelt hat, geht er 1924 im Musiksaal seines eigenen Hauses ans Werk und überzieht die Wände mit Szenen aus Mozarts Oper *Don Giovanni*, für die er kurz zuvor noch die Bühnenbilder für die Inszenierung in Dresden geschaffen hat. Gleich daneben malt er ein Wandbild mit Episo-

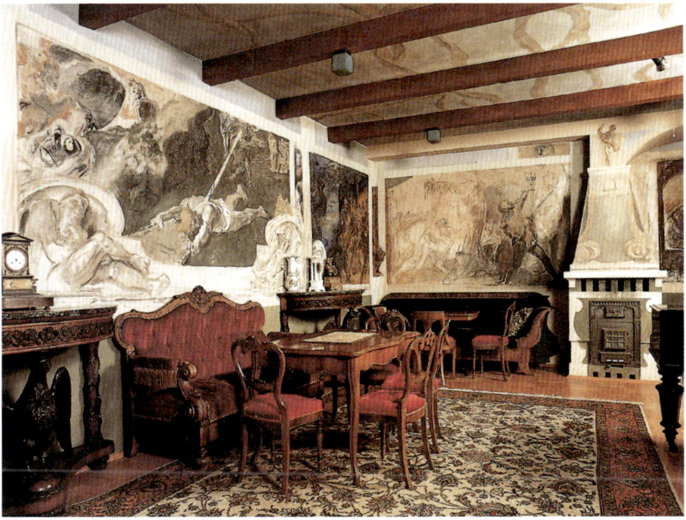

Wandbilder im Musiksaal in Neukastel, Ausmalung von 1924

den aus Goethes *Faust*, hinzu kommen Szenen aus Mozarts *Zauberflöte* und Wagners *Siegfried*. Für die Decke der angrenzenden Bibliothek entwirft er ein Szenario mit Figuren aus der Weltliteratur, aus den *Märchen aus 1001 Nacht*, aus William Shakespeares *Macbeth*, aus James F. Coopers *Lederstrumpf* und Homers *Ilias*. Nach durchdachtem Konzept fungieren sie stellvertretend für die Gattungen Märchen, Drama, Epos und Roman, überspielen geschickt alle architektonischen Schwierigkeiten und werden zum allumfassenden Programm. Auch wenn Slevogt gesundheitlich mehr und mehr die Last der Jahre spürt, kann er am 31. Oktober 1924 an Guthmann schreiben: „Die Jahre schwinden und die Knaxe, die einem das Leben beibringt, mehren sich. In Bayreuth haben wir Sie sehr vermißt. – Ich habe von neuem mein Herz für Wagner entdeckt, unbeschadet, daß man älter und krittlicher geworden ist u. fühle mich seitdem fabelhaft verjüngt. Wenn Sie hierher kommen, so wird der ‚Musiksaal' von der Absicht zeugen, dem Ausdruck zu geben: ein Opernbilderbogen im Großen, Zauber-

Denn wir sehen den Regenbogen, das Gewitter, sogar die Phänomene – das Romantische! – nicht die Befriedung, auch das Erregte, das Dramatische, das Theater außerhalb des Theaters!" Max Slevogt, 1928

flöte, Don Juan, Siegfried u. Faust sind die Figuren." Ähnlich der Bedeutung, die die Villa am Wannsee für Liebermann hat, wird Neukastel nun endgültig zu des Künstlers „Buen Retiro", zu seinem Tusculum, das er nach eigenem Geschmack gestalten kann und immer wieder malen wird: „Hier würde ich mich [...] eigentlich recht wohl befinden, da das grauenhafte tägliche Geldbeschaffen in Berlin hier in eine für mich gemilderte Form gewandelt ist, so daß ich doch auch wieder eigenen Ideen nachhängen kann ...".

Kirschenernte, 1926, Öl auf Leinwand, 90,5 × 116 cm

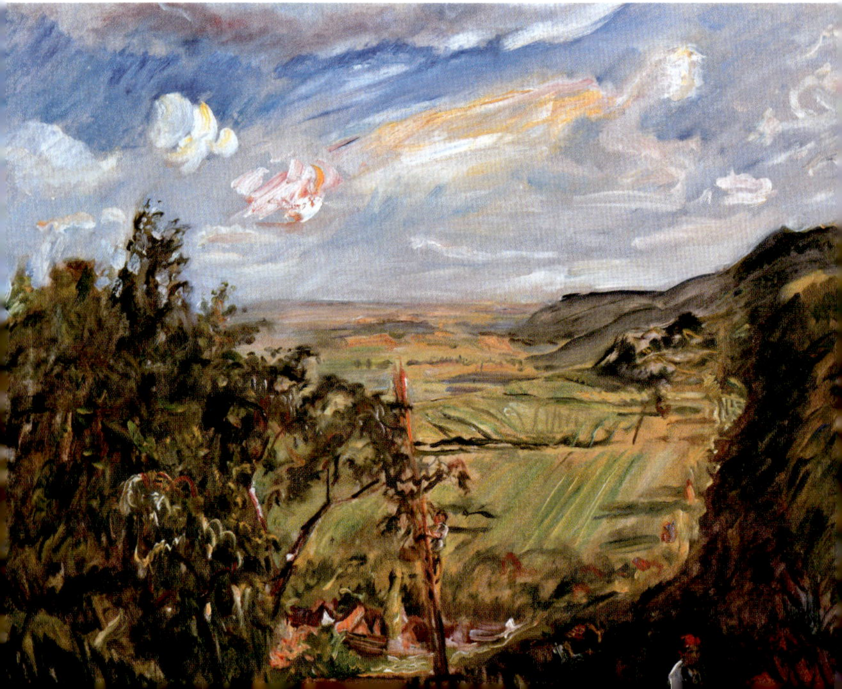

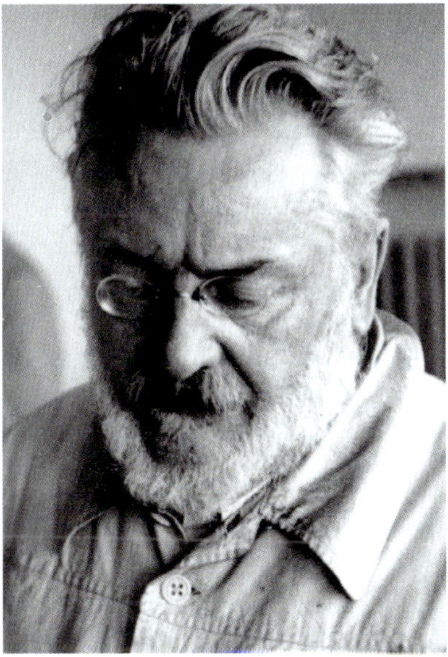

Max Slevogt bei der Arbeit
in der Friedenskirche
in Ludwigshafen, 1932

Ja, älter werden ist nicht heiter, u. man wünscht sich eigentlich den Vortritt an der dunklen Türe, bevor so schwarze Schatten Macht gewinnen.

Max Slevogt in einem Brief
an Johannes Guthmann, 1931

Sei es das Gästehaus in Neukastel, die Gartentreppe, die weinumstandene Weinlaube der Terrasse, der Weg entlang der Hausmauer, der Malvengarten oder eine sonnige Gartenecke – immer wieder inspirieren ihn das Hofgut, seine baulichen Eigenheiten und seine landschaftliche Umgebung zu farbgetränkten, flirrenden und zunehmend abstrakten Landschaftsbildern. Zu diesen späten „pfälzischen Schleckereien“, wie er sie selbst nennt, gehört die 1926 entstandene *Kirschenernte*. Wieder geht der Blick von der Terrasse des Hofguts aus und schweift zu den Hängen des Pfälzer Waldes hin zu den Weiten der Rheinebene. Die so oft ins Bild genommene Madenburg ist ebenso wie die Ortschaft Leinsweiler nur angedeutet. Es scheint, als ob die Kirschenernte zum Vorwand für die meisterhafte Gestaltung eines heißen Sommertages wird; der aufgewühlte Himmel und die flirrende Luft der zum Horizont hin immer blasser werdenden Ebene sind souverän mit schnellen, farbgetränkten Pinselzügen und Tupfen eingefangen.

SLEVOGTS „SIXTINA" – DAS GOLGATHAFRESKO IN LUDWIGSHAFEN UND DAS ENDE IN NEUKASTEL

Slevogts letzte Schaffensjahre sind – abgesehen von Landschaften – geprägt von Entwürfen für Bühnenbilder, etwa für Mozarts *Don Giovanni* und *Die Zauberflöte*, sowie dem Porträtieren der Berliner Politprominenz und nicht zuletzt der Ausführung großer Wandbilder. Als er 1931 vom Dekan der neu erbauten protestantischen Friedenskirche in Ludwigshafen mit der Darstellung einer monumentalen Kreuzigung für die Altarwand beauftragt wird, fühlt er sich zwar geehrt und nennt sie seine „Sixtina", hat aber – auch wegen des religiösen Themas – Bedenken: „Nun sitze ich hier wie ein von vornherein geschlagener Feldherr vor den Trümmern meiner Vorstellungen! Womit soll ich bauen, – ein Heide in der Kirche? [...] Andererseits: es ist eine echte Aufgabe!". Zu dem Fresko von 1932, das im Zweiten Weltkrieg zerstört wird, hat sich eine weit ausgeführte Ölskizze erhalten. Sie zeigt Jesus und die Schächer in einem Halbkreis angeordnet und zu Füßen des Gekreuzigten einen entblößten, auf dem Rücken liegenden Kranken, der die Hände zum Gebet gefaltet hat. Die übrigen unter dem Kreuz versammelten Menschen

> **Der auf der linken Seite sich vor Schmerz krümmende Schächer hat eine merkwürdige Ähnlichkeit mit Slevogt selbst. Aber auch in dem unter das Kreuz geschleppten Kranken glaubt man Slevogts Gesichtszüge zu erkennen.** Hans Purrmann über Max Slevogts Fresko, 1932

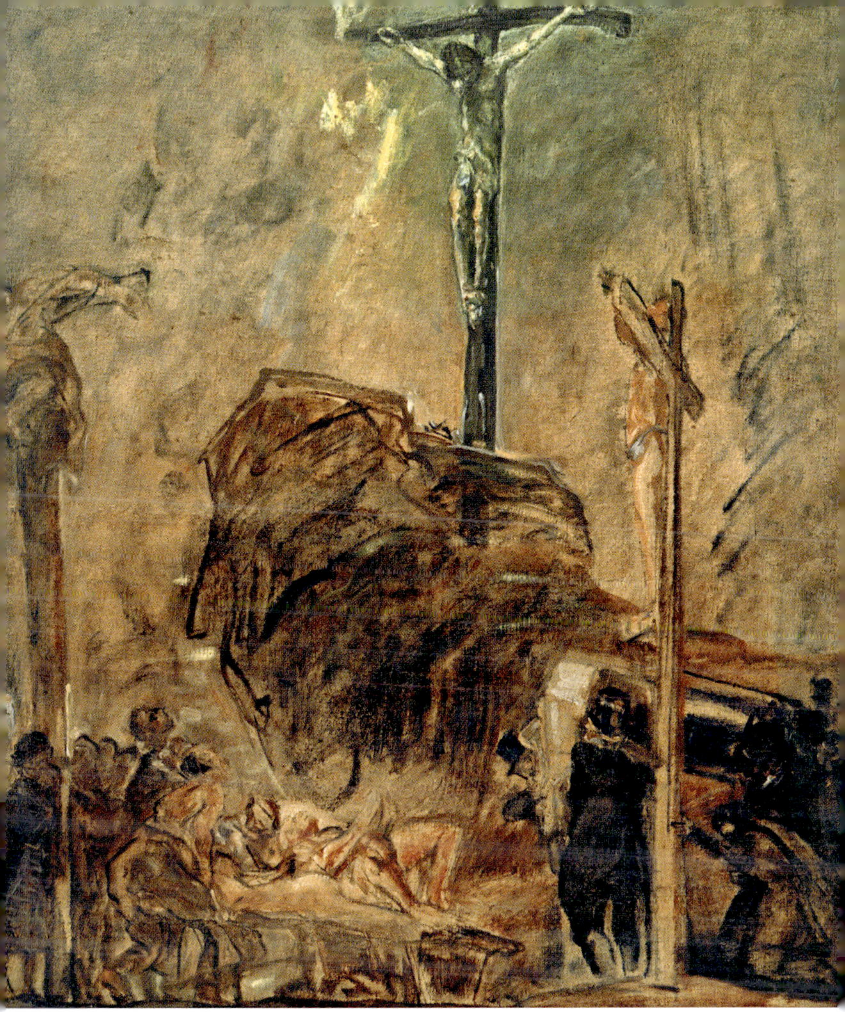

Golgatha (Skizze zum zerstörten Fresko), 1931, Öl auf Leinwand, 103,2 × 96,5 cm

sind nach Slevogts Interpretation Gestalten aus der eigenen Zeit, den frühen 1930er-Jahren. Sie repräsentieren das menschliche Dasein von der Geburt bis zum Tod. Die Komposition ist wie ein Kreislauf konzipiert: vom bösen Schächer links über den Zug der Menschen, den Kranken, den Sarg, den guten Schächer, aufsteigend zu Jesus am Kreuz. Keiner kann sich der Erlösung durch den Tod Christi entziehen.

Slevogts letztes Werk, das *Golgatha-Fresko,* zeigt abermals dramatische Todesmomente: Hier setzt er einen liegenden Kranken ins Bildzentrum und prominent daneben einen Sarg – als ob er seinen nahenden Tod schon ahnt. Tatsächlich stirbt der Maler und Grafiker am 4. September 1932, nur vier Monate nach Fertigstellung des Freskos, an einem Herzanfall in Neukastel. Freund Guthmann resümiert: „Der letzte Pinselstrich des Meisters an dem vollendeten Werke galt der am Kreuzesfuß zusammenbrechenden, schwarzen Witwe, – sein eigener Abschied vom Leben. Dann wandte er sich ab und schritt davon."

Im Sinne seiner immer wieder zitierten Devise, dass „das Auge sieht, was es sucht", hat Slevogt im Laufe seines mehr als vierzigjährigen Schaffens vieles gesehen, was er gern übersehen hätte, und ebenso vieles erst gar nicht gemalt, was seine Augen erblickten. Zeit seines Lebens ist Slevogt auf der Suche – nach dem bedeutsamen Kern einer Erzählung, nach dem Charakter des zu Porträtierenden, aber vor allem nach einer Stimmung, die ihn beim Anblick einer Landschaft überkommt, und die er innerhalb der berühmten „Zigarrenlänge" an Zeit auf die Leinwand bannt. Mit seinem suchenden Auge kann er wegfiltern, was ihn nicht interessiert und aus einem Motiv das herausholen, was er der Abbildung für wert erachtet.

Während man seinen frühen thematischen Kompositionen anhand der zahlreichen Vorzeichnungen und Korrekturen noch das Ringen um die rechte Komposition und die Mühsal, die sie ihm bereiteten, ansieht, spürt man förmlich, wie leicht ihm seine späteren Stillleben und seine Landschaften von der Hand gehen. Sich einer Landschaft mit ihrer wechselnden Atmosphäre bewusst hinzugeben, ist ihm stets ein sinnlicher und seelischer Genuss. Für das Auskosten eines einmaligen Moments ist er sogar bereit, das Malen, sein Lebenselixier, zu opfern. So überliefert der langjährige Freund und Biograf Johannes Guthmann noch 1955 den angesichts der Pfälzer Landschaft vielleicht trefflichsten Ausspruch von Slevogt: „Heut' mal ich nicht, heut' ist es viel zu schön."

AKADEMIE DER BILDENDEN KÜNSTE MÜNCHEN
Die Akademie der Bildenden Künste in München ist eine der bedeutendsten und durch die vorausgegangene Zeichnungsschule auch eine der ältesten Kunsthochschulen Deutschlands. Ihre Blütezeit erlebt sie Mitte des 19. Jahrhunderts, als Künstler wie Franz von Stuck, Adolf von Hildebrand und Franz von Kaulbach hier lehren und die Münchner Schule begründen. Ihre weit über München hinausreichende Bedeutung erhält sie durch Studenten in den Jahren um 1900 wie Lovis Corinth, Wassily Kandinsky, Paul Klee, Franz Marc, Otto Mueller und Slevogt.

FRANCISCO D'ANDRADE *Der Tenor Francisco d'Andrade (1856–1921) ist ein portugiesischer Opernsänger, der in Mailand unter Corrado Miraglia ausgebildet wird und – nach Gastspielen in San Remo und an der Scala 1889 – in der Berliner Krolloper seinen internationalen Durchbruch als* Don Giovanni *in Mozarts gleichnamiger Oper erlebt. Seit 1902 ist er mit Slevogt befreundet, der ihn mehrfach in dieser Glanzrolle malt.*

ROMANISCHES CAFÉ *Das im Romanischen Haus befindliche Café in Berlin-Charlottenburg ist in den 1920er-Jahren das wichtigste Berliner Künstlerlokal. Nach Umbau und Renovierung wird es 1916 zur zentralen Anlaufstelle und Kontaktbörse für viele Intellektuelle und Künstler, unter ihnen Berthold Brecht, Otto Dix, Alfred Flechtheim, Erich Kästner, Max Liebermann, Else Lasker-Schüler, Marc Chagall, George Grosz, Bruno Cassirer und Slevogt. Während die Etablierten im reservierten Nebenraum, im Bassin für Schwimmer, gern unter sich bleiben, müssen alle anderen Besucher, die Nichtschwimmer, mit dem Hauptraum Vorlieb nehmen.*

ALFRED LICHTWARK *Alfred Lichtwark (1852–1914) wird 1886 der erste Direktor der Hamburger Kunsthalle. Mit den drei Schwerpunkten mittelalterliche Kunst, Malerei der deutschen Romantik und französischer Impressionismus baut er die Sammlung aus und ermöglicht den Anschluss an die Moderne. Nach Pierre Bonnard und Édouard Vuillard holt er auch Max Liebermann und Slevogt nach Hamburg, um sich für die Galerie der Stadt Hamburg Landschaften und Porträts verdienter Politiker malen zu lassen.*

KÜNSTLERROLLENPORTRÄT *Als Künstlerrollenporträt wird ein Bildnis bezeichnet, bei dem ein Sänger oder Schauspieler dargestellt wird, der völlig in der zu verkörpernden Rolle aufgeht und sich gänzlich mit dieser identifiziert. In Orientierung an Édouard Manets Jean-Baptiste Faure als Hamlet (1877) malt Slevogt 1902 Francisco d'Andrade als Don Giovanni in* Der weiße d'Andrade *und gilt seit diesem Rollenporträt als Begründer des Bildnistyps.*

KREIDELITHOGRAFIE *In dieser Flachdrucktechnik zeichnet man mit einer in ihrer Substanz weicheren Fettkreide auf die steinerne Druckplatte, fixiert sie und druckt direkt vom Stein. Sie bietet Slevogt im Vergleich zur komplizierten Radierung die Möglichkeit, zeichnerisch und spontaner vorzugehen und zugleich atmosphärische Effekte zu erzielen.*

Literatur

Max Slevogt. Die Reise nach Ägypten 1914, hrsg. von Heike Biedermann (Ausst.-Kat. Galerie Neue Meister, Staatliche Kunstsammlungen Dresden und Kunstsammlung Nordrhein-Westfalen, Düsseldorf), Dresden 2014

Max Slevogt – Die Berliner Jahre, hrsg. von Sabine Fehlemann; Nicole Hartje (Ausst.-Kat. Von der Heydt-Museum Wuppertal und Max Liebermann Haus – Stiftung Brandenburger Tor, Berlin), Köln 2005

Max Slevogt. Gemälde, Aquarelle, Zeichnungen, hrsg. von Ernst-Gerhard Güse, Hans Jürgen Imiela und Berthold Roland (Ausst.-Kat. Saarland Museum Saarbrücken und Landesmuseum Mainz), Stuttgart 1992

Guthmann, Johannes: *Scherz und Laune. Max Slevogt und seine Gelegenheitsarbeiten*, Berlin 1920

Guthmann, Johannes: *Schöne Welt. Wandern und Weilen mit Max Slevogt*, Berlin 1948

Imiela, Hans Jürgen: *Max Slevogt. Eine Monographie*, Karlsruhe 1968

Paas, Sigrun und Roland Krischke: *Max Slevogt in der Pfalz*, Katalog der Max Slevogt-Galerie in der Villa Ludwigshöhe, München 2005

Max Slevogt. Neue Wege des Impressionismus, hrsg. von Sigrun Paas (Ausst.-Kat. Landesmuseum Mainz), München 2014

Roland, Berthold: *Max Slevogt. Pfälzische Landschaften*, München 1991

Slevogt, Max: E*in Kriegstagebuch. Zeichnungen und Geleitwort*, Berlin 1917

Max Slevogt. Blick zurück nach vorn. Neue Forschungen zu Max Slevogt, hrsg. von Gregor Wedekind, Berlin 2016

Eigentümer der abgebildeten Werke

S. 5: Museum für Kunst und Kulturgeschichte, Dortmund

S. 8: Max Slevogt-Galerie, Schloss Villa Ludwigshöhe, Edenkoben

S. 7, 21, 25: Niedersächsisches Landesmuseum, Hannover

S. 13: Privatbesitz

S. 16: Max Slevogt-Galerie, Schloss Villa Ludwigshöhe (Landesmuseum Mainz)

S. 17: Städtische Galerie Lenbachhaus, München

S. 19, 29: Staatsgalerie Stuttgart

S. 23: Städel Museum, Frankfurt

S. 26, 52, 72: Staatliche Museen zu Berlin, Nationalgalerie

S. 32, 39, 43, 57, 67, 75, 76, 78, 89: Stiftung Saarländischer Kulturbesitz, Saarlandmuseum, Saarbrücken

S. 34, 35, 62, 63, 65: Staatliche Kunstsammlungen Dresden, Galerie Neue Meister

S. 40: Kunsthalle Bremen

S. 44/45: Sammlung Landesbank Rheinland-Pfalz

S. 50: Hamburger Kunsthalle

S. 58/59: LWL-Museum für Kunst und Kultur, Münster

S. 69: GDKE Rheinland-Pfalz, Landesmuseum Mainz, Graphische Sammlung

S. 86: Wallraf-Richartz-Museum & Fondation Corboud, Köln

Konzeption der kleinen Reihe
Martina Padberg

Verlagslektorat
Petra Leineweber

Verlagsredaktion
Rosa Baumgartner

Satz und Gestaltung
Christian Padberg

Printed in Germany

Erschienen im
Wienand Verlag
www.wienand-verlag.de
Weyertal 59, 50937 Köln

© Wienand Verlag Köln
und die Autorin, 2018

ISBN 978-3-86832-442-6

Umschlagabbildungen
Einband: Max Slevogt, *Der weiße d'Andrade* (Detail), 1902; Vorsatz: *Blühende Bäume in Neukastel*, 1898; Hinterer Vorsatz: *Diener auf der Terrasse in Neu-Cladow*, 1912

Bibliografische Information der Deutschen Nationalbibliothek

Die Deutsche Nationalbibliothek verzeichnet diese Publikation in der Deutschen Nationalbibliografie; detaillierte bibliografische Daten sind im Internet über http://dnb.de abrufbar.

Foto- und Bildnachweis
akg-images: Vorsatz, S. 7, 8, 16, 26, 32, 34, 39, 43, 62, 63, 67, 75, 76, 78, 86, 89; Archiv Wienand Verlag, Köln: Cover, Nachsatz, S. 5, 10, 18, 19, 21, 23, 28, 29, 35, 37, 40, 45, 46, 47, 52, 55, 57, 58/59, 60, 61, 65, 68, 72, 73, 77, 85, 87; © Blauel – ARTOTHEK: S. 25; bpk | Hamburger Kunsthalle | Elke Walford: S. 50; GDKE Rheinland-Pfalz, Landesmuseum Mainz, Fotos: Axel Brachat und Ursula Rudischer: S. 8, 10, 13, 14, 15, 16, 27, 31, 33, 53, 69, 80, 81; Heritage Images / Fine Art Images / akg-images: S. 17; © Rheinisches Bildarchiv, rba_d048050: S. 70

Trotz intensiver Recherchen war es nicht in allen Fällen möglich, die Rechteinhaber der Abbildungen ausfindig zu machen. Berechtigte Ansprüche werden selbstverständlich im Rahmen der üblichen Vereinbarungen abgegolten.

Wienand-Publikationen werden weltweit in führenden Buchhandlungen und Museumsshops angeboten (Vertrieb in Europa, Asien, Nord- und Südamerika).